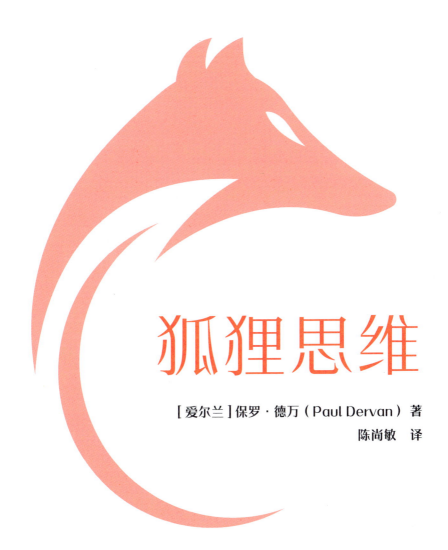

狐狸思维

[爱尔兰] 保罗·德万 (Paul Dervan) 著

陈尚敏 译

中国科学技术出版社

·北 京·

RUN WITH FOXES: MAKE BETTER MARKETING DECISIONS by PAUL DERVAN /
ISBN: 978-0-85719-772-6

Copyright © 2020 by PAUL DERVAN

First published in Great Britain in 2020 by Harriman House Ltd.

The simplified Chinese translation rights arranged through Rightol Media（本书中文简体版权经由锐拓传媒取得 Email: copyright@rightol.com）

北京市版权局著作权合同登记 图字：01-2021-2861。

图书在版编目（CIP）数据

狐狸思维 /（爱尔兰）保罗·德万著；陈尚敏译 .
—北京：中国科学技术出版社，2021.8
书名原文：Run with Foxes: Make Better Marketing
Decisions

ISBN 978-7-5046-9138-5

Ⅰ.①狐… Ⅱ.①保… ②陈… Ⅲ.①营销管理
Ⅳ.① F713.56

中国版本图书馆 CIP 数据核字（2021）第 155890 号

策划编辑	杜凡如　陆存月	
责任编辑	申永刚	
封面设计	马筱琨	
版式设计	锋尚设计	
责任校对	焦　宁	
责任印制	李晓霖	

出　　版	中国科学技术出版社	
发　　行	中国科学技术出版社有限公司发行部	
地　　址	北京市海淀区中关村南大街 16 号	
邮　　编	100081	
发行电话	010-62173865	
传　　真	010-62173081	
网　　址	http://www.cspbooks.com.cn	

开　　本	880mm×1230mm　1/32	
字　　数	107 千字	
印　　张	7	
版　　次	2021 年 8 月第 1 版	
印　　次	2021 年 8 月第 1 次印刷	
印　　刷	北京荣泰印刷有限公司	
书　　号	ISBN 978-7-5046-9138-5/F·939	
定　　价	59.00 元	

玛塔，我的妻子，谢谢你，你是如此美丽动人而又充满耐心。感谢我的母亲，过去一年里耐着性子，忍受我的喋喋不休，听我讲述狐狸与刺猬的种种。我还要感谢我聪明伶俐的双胞胎儿子亚历克斯和麦克斯——衷心期盼你们哥俩长大后能成为狐狸型的人，就像你们的爷爷一样。

关于作者

目前保罗·德万（Paul Dervan）
为市场营销团队提供决策咨询服
务。此前，他曾是美国Indeed的全
球品牌总监。Indeed是世界上较大
和增长较快的招聘搜索引擎，月
访问量超2.5亿人次。德万在团队
中主要负责在多个市场中品牌拓展的支持性工作。他带
领着一支80人的团队，并负责数亿美元的广告投资。此
外，他还创立了一个市场营销实验室，从事成百上千项
市场营销实验，地跨美洲、欧洲、大洋洲与亚洲。

在此之前，德万与世界最大的在线扑克品牌扑克之
星（PokerStars）合作，担任旗下全速扑克品牌的创意
总监，具体负责品牌投资组合下该品牌的重新定位、新

市场投放和手机新用户获取。

更早期，德万在西班牙电信公司（Telefónica）担任多职。他曾在西班牙电信公司的位于英国伦敦的数字部门担任品牌总监，负责爱尔兰和拉丁美洲地区针对年轻人的品牌投放，并曾在移动电信运营商O2品牌[①]最鼎盛时期担任品牌负责人，使该品牌成为后支付时代细分市场中的领头羊，占据35%的市场份额。

---

① 截至2020年2月，O2为英国第二大移动电信运营商，于2006年被西班牙电信公司收购，信息来源于维基百科。——译者注

前　言

　　几个月前我参加了一个"客户—机构"见面会，会上大家都叫我那个"做数据的人"。这个叫法听起来有些滑稽，但同时也有些恼人。我不是做数据的人。还在上工商管理硕士课程的时候，我可是班上唯一一位做市场营销的，当时大伙儿都喊我"做彩图的人"。

　　自我有记忆起，便沉迷于思考品牌和营销传播是如何运作的。其中，各种测量工作并不是真正打动我的部分，如何把实际工作完成得更出色才是令我真正着迷的事。可是如果自己真心希望在市场营销这项技能上更进一步，就得弄懂诸如广告实效性这种东西。事实证明，要弄懂数据是怎么回事儿并不难，但要说服大家相信这些数据就难多了。

　　回首往昔，作为一名市场营销领域的工作者，与

15年前，甚至10年前相比，我已不再是当年的那个自己了。对于一些曾确信无疑的道理，如今我不再买账，而有些眼下笃定的事情若放在当年，自己也会草率地不以为然。现如今，我对自己的决定也不再那么笃定了，不大能确认到底何种决策与营销方案能奏效，但这种工作模式反倒让自己感到更加自在。

这本书我是给做市场服务的乙方人员写的，给像我这样的人写的，目的是分享一些愚见，或许在各位做市场决策的时候能帮上点忙。每年我都会在工作当中面临着一些决策，而在本书中，我讨论了关于品牌定位、新用户获取与留存的话题，也深入讨论了广告决策的复杂性。做广告，广告得打动人心。按理说，做决策时到底是勇往直前，还是踌躇不前，仅仅一线之间。此外，我还在本书中根据能证明不同营销方案行之有效的各种证据和材料，尝试诚实作答，为何有时自己会忽略了这些妙法。

本书不旨在提供答案，主要是因为大多数情况下，最好的答案就是"看情况"。我之所以这么讲，完全是因为自己真心相信有些办法就是比没有好。在本书中，我展示且反思了自己一路犯过的错误，现在集中起来写成书，我相信，里面的经验和说法能帮助到15年前的自己。同时，我也真心相信，如果彼时早获此书，自己犯的错误就会更少些。写书期间，我与大约40名市场营销同行进行了访谈，还对他们展开了问卷调查。他们大多是市场营销领域里世界级的专家和权威人士。与他们交流，我不得不回过头审视自己曾奉为圭臬的信念。有时候这种反思着实令人痛苦。

本书中每章的内容仅数页而已。"写短些。"好友康纳·伯恩（Conor Byrne）在我写书时如此提议。伯恩也是做市场营销的，天资聪颖。他进而补充道："你平时那些琐屑漫谈太废话了。"全书叙事眼见松散，但我的确花了一番心思，给全书做了结构上的编排，一些章节承接上章。不过你实在无须如此严苛，按照顺序阅读即可。很可能你读的时候根本就注意不到这些。

最后再说一点，我写的大多数故事都与广告有关。原因很简单，因我大多数的经验、犯过的错误与学到的心得均与广告或营销传播此类相关。但市场营销和广告并不等同。我不愿这本书加深你对二者的误解。广告仅仅是营销传播里的一小块而已，而且比我曾经想的要细小得多。纵然广告不是你营销传播工作里的一部分，我也希望这本书能为你提供些许专业意见，让你的专业能力得到提升。

保罗·德万

目　录

# 我没有系安全带

　　我曾花七个月开辟了一个市场营销项目，项目价值几百万欧元，项目区域覆盖全球。这个项目的战线拉得太长了。当时我们所有人全情投入。团队大伙儿激情澎湃，发挥聪明才智，勤勉不倦，专注细节，以期创造出全体成员都会为之自豪的成绩。

　　这个项目在整个团队内部反响强烈。许多人都很喜欢这个点子，但也有个别人不喜欢。我当然更加希望这个项目能深得每个人的喜爱，不过自己也能包容下不同的声音。我对自己说，总比任何反应都没有要好。

　　经历过无数次截止日期前的恐慌、做出修改以及应对新出现的挑战后，最终，我们发布了新项目。前几周的指标数据先是小幅上涨，随后逐步回降至平缓——最

终一切回归原点。

先前我还预期着能有多漂亮的成绩。就最终的结果来说，我失败了吗？我当然失败了。要自己承认失败，难免痛心，但这确是事实。当时我的身上有股冲动，就是要对这次失败避而不谈，聊点别的内容转移话题，比如，聊一聊竞争者出其不意的打击，或者更简单些，直接改了这个市场营销项目的目标——这种做法对我而言可谓易如反掌。

然而，事实是：我早已公开放话，团队肯定能在某个时间内达到某个预期目标，但最终这个目标并没有实现。

当初的项目决策很糟糕吗？还只是结果不尽如人意而已？过后我意识到，自己更应当就实际的决策过程来评估其是否糟糕，而非基于最终的结果。开车不系安全带这个决定挺糟糕的，即便这一次没遇上车祸，也不能因此而改变这个决定很糟糕的事实。有可能我们做的决策很好，但结果仍然不符合预期。对此，我们可以自问，如果有机会重新去做这个决策，会不会还是这么选，对于这个市场营销项目，我的答案是否定的。这次的决策糟糕透了。

尽管不能百分之百确定，但我深信自己犯了一个策略上的错误，一个市场营销新手才会犯的错误。但我不是新手，和我共事的团队成员也不是。本书专门用了一整章展开讨论这次的错误。但更有意思的问题在于：我是怎么犯下这个错误的呢？

詹姆斯·里森（James Reason）教授曾写过文章讨论人类的错误。他将疏漏（slips）、违规（violations）和错误（mistakes）做了区分[1]。疏漏是一种执行上的错误，是人们无意中犯下的错误。违规指的是某个人故意犯错，比如，欺骗。

接下来便是错误。错误听起来无甚危害，但实际上危险得很——因为人们往往不容易发现这些错误。错误指的是人们做某件事的时候是有意识的，造成的结局却是无心之过。这时，人们理解世界的心智模型是错的。

问题在于，我们通常无法意识到自己犯下了这些错误，因而日后改善也无从谈起。

---

[1] *Adapt*, by Tim Harford, 2012.

这就是发生在我身上的事：我的心智模型错了。早几年，我发布了一场市场营销活动，很成功。别着急，你会在本书中读到这个故事。那次成功在一定程度上塑造了我对广告的理解。因为那个项目发布取得了巨大的成功，我就想当然地以为自己当时做的决定都是好的。然而事实是，有些决定好，有一些却不见得。我忽略了还有其他一些造就成功的因素。我为自己的叙事谬误（narrative fallacy）[①]感到惭愧。我们就是这么让一些充满瑕疵的过往经历塑造了自身对世界的认知与对未来的期待。

早前我成功了，后来却因此而失败。那几年里我没有系安全带，而且因为自己一直没有撞车，所以也就一直没有系安全带。

然后我就撞车了。

[①] *The Black Swan*，by Nassim Nicholas Taleb, 2007.

02 我们是刺猬型的人

　　这是一本关于决策的书，更具体些，是有关市场营销决策的书。我在市场营销领域工作20年，每一年我都有新的发现，这些新发现让自己开始认真质疑那些曾不可撼动的信念以及一路走来所做过的决策。一路走来，心持谦卑。

　　但自己一直都挺幸运的。我给一些特别棒的品牌当过负责人，打造过一些新品牌，也尝试接手过一些百病缠身的品牌。我甚至还有机会创立了一个市场营销实验室——在这个平台上进行成百上千项市场营销实验，试验着各种理论。我还和一些世界上顶级的市场营销人士保持着密切的联系，他们都是些妙不可言的人，打破我的想法限制，也改变了我的思想。

我也历经过成败。尽管自己享受着成功的喜悦，但却觉得失败更有意思。对此我要明确声明——我可宁愿没有失败。没有人想要失败。我不在乎人们怎么看，但我的确失败过，后果比承认的要严重得多，而且通常情况下，我自身甚至对此一无所知。

我一直深信不疑，失败比起成功而言，更能让我了解自己做决策的过程——假如我愿意接受失败带来的教导的话。

如果我不得不给出一点提升决策质量的建议，那么我觉得这条建议应当是这样的：如果发现自己犯错了，事后该如何应对，这是你要专注的事情。我坚信，这一点是关键，可以用来区分我所称的"狐狸型的市场营销人"和其他类型的市场营销人。

如果你真心实意去接受并尽力理解为什么结果不尽如人意以及你的心智模型为何是错的，那么，你就会提升自己的决策质量。如果你觉得这种做法会带来威胁，那么，我敢和你打包票，这么做并不会产生威胁。

问题就在这里。知道了我们为什么会犯错，并不总能阻止我们犯错，你也即将会在本书中看到这一点。但我相信，了解犯错的原因能增加胜算。而增加胜算，即决策精要之所在。

1951年，英国哲学家以赛亚·伯林（Isaiah Berlin）写了一本《刺猬与狐狸》（*The Hedgehog and the Fox*），书中将世界伟大的思想家分为"刺猬"和"狐狸"两种类型。刺猬型思想家坚信有一个统一的思想能解释一切。他们只从单一的视角看世界，仅凭借自身所持有的思想体系便能解释所有。而狐狸型思想家则追求各式各样的思想，支离破碎，且常常毫不相干，甚至自相矛盾。他们没有单一的思想体系来解释事物如何运转。以赛亚·伯林这么和我们说："狐狸知道很多事，但刺猬知道一件最重要的事。"

但丁是刺猬型的人。柏拉图、帕斯卡尔、陀思妥耶夫斯基、尼采和普鲁斯特——全都是刺猬型的人。狐狸型的人则包括莎士比亚、亚里士多德、蒙田和乔伊斯等。至于托尔斯泰，根据伯林的说法，则是天生的狐狸型的人，但他渴望成为一名刺猬型的人。

这里我需要澄清一下，自己绝非要在伯林对世界伟大思想家的分类里加入新名字。这些人名里有一半我连准确发音都感到吃力。我对伯林分类的兴趣点来源于菲利普·E. 泰特洛克（Philip E. Tetlock），他是一名政治预测家与作家。当我们想了解预测和更好的决策时，最终总会利用到泰特洛克教授的研究结论。

泰特洛克教授分析了各政治预测专家的特征。他发现，这些专家都能归为两类。

一类专家倾向于围绕着大的想法或思想以组织自己的思考。这类专家的共同之处在于他们的思考是自成体系的。他们总能通过自己的思想体系，找到方法来解释已经发生的事情或预测未来。而对于那些他们自己思想体系无法解释的事情，这些专家则会弃之不理，视作不相关的干扰。泰特洛克教授将这些专家称为"刺猬"（不难理解）。

另一类则是更为务实的专家，即狐狸型专家。这些专家更多依赖的是观察而非理论。他们持有多元且不相关的想法和途径，运用着多种不同的分析工具。他们根据具体的挑战挑选适宜的工具，并尽力从尽可能丰富的渠道获取信息。他们谈论着事情的可能性与概率，而没有定论。并且——异常重要的是——当数据和他们一开始的观点发生冲突后，他们便会转变自己的观念。

而泰特洛克教授发现狐狸型专家在预测上更为精准。[1]

预测人们会对我们的市场营销方案做出什么样的反应并非易事。理想状态下，我们都试图能精准地预测将来会发生何事。但我敢打赌，大多数情况下，我们在事情发生时都无法提前预判到事情会如此发生。要把我们的行动抽离出来并完整地进行评估并不简单。我们常常在不自知的情况下开展工作。或者更糟糕——我们一边工作着，一边认为我们做的决定极其正确，然而事实却并非如此。而当我们在做决定的时候——正确的答案并不总是直觉性的，连我们做市场营销的人都无法手到擒来，更何况那些不做市场营销的同事呢。人们遇上这样的市场营销项目就是一团糟。

要衡量短期内人们对我们的市场营销做出什么样的反应十分简单，但要长期评估市场如何影响人们的行为则要困难得多。因为每一次的状况都在某种程度上有所不同，我们没有太多一成不变的规则可以遵循，所以我

---

[1] *Superforecasting: The Art and Science of Prediction*，by Philip Tetlock，2015.

们的决定是基于各种理论的。我们需要猜想自己所想出来的市场营销方案是能够奏效的。

拥有市场营销理论并无错，我们需要这些理论。但问题是我们热衷于没有根基的理论。我们都从自己偏爱的理论角度看待一切结果。而且我们并不擅长转变思维，甚至当证据已经很合理时，我们也不想改变。

其实我想说的是——我们都是刺猬型的人。

03 渴望成为狐狸的刺猬

　　我的父亲是一名医生，同时还是一名病理学教授。尽管他是世界上最受人尊敬的病理学家之一，但他谦逊低调，沉默寡言，无论何时我遇见他的学生，他们都会围着我好几个小时，与我讲他们有多么崇拜他。我父亲去世一年后，爱尔兰都柏林大学设立了一项学生评奖：彼得·德万癌症病理卓越纪念奖（the Peter Dervan Memorial Medal for Excellence in Cancer Pathology）。

　　他是我心目中的英雄。

　　如果说有一份职业与我父亲的职业截然相反，那么它就是广告。他曾对我说，我在10、11岁的时候常常拿着报纸上的广告考他。几年后，他给我买了第一本广告书《奥格威谈广告》（Ogilvy on Advertising）。对一个在广告领域毫无经验与知识的人来说，这本书选得不赖。

医药与市场营销这两个领域相去甚远，但两者均取决于决策。作为一名病理学家，我的父亲必须在日常高压下做出决策。我记得有一次，他必须给一个手臂刚发现肿瘤的小男孩提出治疗建议。你是选择截肢防止肿瘤扩散，但要失去那只手臂，还是选择先治疗并等待，但同时也要冒着肿瘤扩散的风险？两名世界范围内负有盛名的病理学家都建议小男孩的父母截肢，而我父亲表示反对。他建议小男孩的父母再等等。他相信肿瘤仍处在良性阶段，而且会停止长大。小男孩的父亲打赌我父亲的话没错，没有选择截肢。肿瘤继续长大，但之后便停止长大了，并开始收缩。最终小男孩痊愈了，继续享受着健康人生。

类似于这样的决定并不仅仅与事实和知识相关。医生也是普通人，建议截肢的话，他承担的风险会更小。如果你选择截肢的话，你会失去一只手臂，或许也救了你的性命，但你也不确定这是否为一个正确的决定。如果你再等等，然后你发现此时截肢才是正确的决定，但彼时一切为时已晚。几年过去了，我常常好奇，当时在如此高压之下，我的父亲是如何一周接着一周做出这些决定的。人到底怎样才能对自己的预测感到自信而不至于自满呢？如何才能在面临另一个让自己承担风险更小的选择时，坚持自认为正确的选择呢？我以为答案在于我的父亲具备了一名高效决策者的一切特征。他是一个狐狸型的人。

04 我首先要做的事

过去十年里，无论我担任什么角色，我对自己要求的第一件事就是要把工作做得更好。尝试找到哪方面是最需要关注的，并尽力实现它。有时我做的工作是品牌定位，有时是媒体策划，通常要做的则是创意工作。

但这些都不再是我现在首先要做的事。如今的我会优先得出一个确切的数据，搞清楚市场营销活动中花的每一分钱都能获得多少回报。也就是我们每花出去的一美元、一英镑或一欧元，能获得多少收益？我并不会预期这个得出数据的过程能有多么轻松迅速，或这个数据得来不费功夫。但我在一开始的项目招募、工作重点安排以及确定资源分配时，会把重心放在这件事上。

没有数据，我们的项目就无法获得进展，进而也无法做出更好的数据。即便我们相信在市场份额增长上、新产品发布上或别的什么上机会无限，但没有数据，我们就无法要求获得更多的资金投入。这种情况下我会强烈地想要修改部分创意内容或媒体策划，或先处理其他一些容易解决的问题。毫无疑问，这些事情可以同时进行，但都不是我优先要做的。

做市场营销的人往往对指标避而不谈。每当我谈到计量指标的时候，在场听众就开始露出迷茫的眼神。我猜想这些做市场营销的人在投入他们自己美好、有趣且创意十足的市场营销工作时，脑子里并没有像负二项分布（negative binomial distribution）或双重危机（double jeopardy）[1]这样的概念。以前绝大多数情况下，我脑子里也绝不会有这样的概念。

这或许真实地解释了为什么我们只是更偏爱做广告而已。

我为了写这本书曾采访过蒂姆·安布勒（Tim Ambler）教授，他有一次说做市场营销的人更喜欢"跑市场而不是跑数据"[2]。他补充道："或许也应当如此。"当然，做

---

① 又称"双重危险"，具体见《营销管理》（*Marketing Management*）（第15版）p328。——译者注

② *Marketing and the Bottom Line*，by Tim Ambler，2013.

广告远比做表格有意思得多。但安布勒教授的想法是对的——"跑市场"是真正能给公司带来价值的事情。别人花钱找我们做的也是这件事。做市场营销的人并不擅长证明自己这个工作的价值，所以我们会落入这么一种状况，花时间写出广告提案，最后却花了更长的时间拿下这份单子。

大约有三分之二的市场营销总监无法有效地展示自己的营销方案能带来多少投资回报，董事会可不会对此满意。

我在写书过程中采访了帕特里克·巴韦斯（Patrick Barwise）教授，他曾提醒一名听众说，各个首席执行官和首席财务官对威廉·爱德华兹·戴明博士（William Edwards Deming）的说法都持有相似的观念——"我们只能带来数据的指标。"

缺乏指标不是问题所在，而是我们的办法太多了。我们犯的一个错误是把所有这些数据测算都捆绑在一起，但并不是所有的指标都同等重要。不要在同一句话里同时谈及销售数据和你的粉丝或追随者。如果你演说的时候将两者摆在同等重要的位置，就会让一些高层执行官觉得你并不理解两者之间的区别。

在这点上英国的直线保险集团（Direct Line Insurance Group）不得不说是我们的楷模，这家公司负责三个品牌——直线（Direct Line）、丘吉尔（Churchill）和优享（Privilege）。他们组建了一支市场营销实效性团队，分析每个品牌背后拉动销售的因素，测算短期和长期的品牌市场营销利润贡献度与获取活动表现。项目终了，这支团队能自信地展示他们的市场营销为居家和摩托车保险业务贡献了460万英镑的利润。

他们解释道，如果一开始仅从短期来做预算决定，那么他们会在这点上错失丘吉尔这个品牌的投资。如若仅仅测算短期的利润贡献，那么每投入1英镑，他们的品牌市场营销投资回报仅有0.45英镑。但他们实际上也有能力测算长期的利润贡献，发现最终带来了额外的0.63英镑的投资回报——也就是说一共给他们带来了1.08英镑的投资回报。这个数据意味着，市场营销能够在商业上持续支持品牌的发展。[1]

马克·埃文斯（Mark Evans）在直线保险集团担任总经理以及市场与数字营销职务，他也非常友好地同意回答我提出的一些问题。他告诉我，建立信任感至关重要，这需要孜孜不倦地进行利益相关者管理，并且自始至终呈现出强劲的商业性。市场营销的世界充满未知数，这

---

[1] IPA Effectiveness Awards（Gold，2018）. *Direct Line Group: They went short. We went long.*

就是为什么拥有信任感如此重要；如此大家就能信任各个职能以取得平衡，使客户和利益相关者同样获利。

埃文斯就其获得英国广告从业者协会（IPA）颁发的实效性广告金奖的案例研究解释说，他们近期遇到了成本挑战，但并未感到惊慌失措，因为财务分析显示，市场营销"是我们最不希望削减投入的部分"。他指出，团队所能取得的最大盛誉，莫过于三年前市场营销投入还处于削减投入的列表前端，而今它被放到了削减投入的列表最后。他们做的这个决定所带来的荣誉与他人所获得的荣誉一样多，这种情况或许并不常见。

因此，实效性对于大多数做市场营销的人而言或许并非其专业领域。它并不是让你今日成为市场营销领域一分子的原因。但你也不要一直拖着无视它。要一开始就明确市场营销实效性的数据，这样你就能够继续加油干活，不断把数据做得漂亮。

 狐狸经验

明确市场营销的投资回报数据，你要先做这项工作。

05 与众不同

大约是2009年我在爱尔兰给O2（西班牙电信公司的子公司）工作，参加了数百场成功举行的大型手机移动网络焦点小组（focus group）座谈会。这些座谈会里通常混有顾客和非顾客人士。主持人在座谈会上获取他们对不同手机移动网络的意见。你为什么选择了O2？你为什么选择了沃达丰（Vodafone）？你为什么选择了它们？各个产品哪儿不同？你会如何描述这些品牌？回答："O2是蓝色的，沃达丰是红色的。"

大多数人会提及O2的赞助广告。人们努力尝试回忆起广告里的各种细节，但他们所知的一切仅仅是产品在广告里看起来是怎么样的，以及产品在广告中所介绍的那个样子。他们知道"O2"的广告长什么样。所有人都自然而然提到了O2泡泡。从广告发布出去的第一天起，我们就将泡泡设为O2的主要特征，以期在各个座谈会上打造出一丝生动活泼的戏谑之趣。预期奏效的场景屡见不鲜。"那些泡泡是怎么回事？没什么道理啊。"

一般而言，我们会在一些座谈会上发现一些已经在过去四五年的某个时间节点上更换了手机移动网络品牌的人。为什么？因为他们家里四处零散着手机移动网络公司的广告。或是他们工作时更换了新的工作手机，而公司使用的手机移动网络是O2的。或者他们在周末把手机弄丢了，逛了几家店，最后选择了沃达丰，原因是当天这个品牌的手机移动网络套餐卖得更优惠。

品牌个性之间的确各不相同。你永远不会把O2误认为沃达丰。O2在外形上十分与众不同，这是毫无疑问的。色调上也有某种程度上的特色。但实际上它提供的各项服务却与其他品牌无大差异，也不是市场上价格最便宜的选择。O2和沃达丰的手机移动网络信号在爱尔兰覆盖得都很好，但沃达丰在当地人心目中略胜一筹，不过我相信差别不大。两者都在英国各地开设了零售店，均拥有相似的手机样式。顾客和我们说他们非常喜欢O2的客户服务。O2或许在这一点上略占优势，但我还是想重复一点，两者差别并不大。

这太令人沮丧了吧。如果我的职责是要实现品牌差异化，那我真是做得太糟糕了，也无颜在焦点小组座谈会后拜见我们的首席执行官。不过平心而论，首席执行官提出了长期打造品牌的重要性，一直以来都十分支持这项工作。

但我从未质疑过一个观点，那就是我们是否需要将自己的品牌与其他品牌区分开来才能赢得市场呢？至少我是读到了《非传统营销》（*How Brands Grow*）这本书才萌生了这个想法。此前，说真的，我从未想过或许我们并不需要做品牌差异化。商业领域里有一些根深蒂固的观点，比如迈克尔·波特（Michael Porter）的五力分析模型和杰克·特劳特（Jack Trout）的著书《与众不同》（*Differentiate or Die*）中的观点，他们都认为我们应该要做品牌差异化。

这个观点极少受到挑战，相信为了将产品卖出，品牌之间必须形成差异。顾客购买这些商品必须出于某种原因。这个观点乍看令人信服，也很有道理，我们没有什么理由可以去怀疑这个观点能否成立，但是一些以实证主义研究闻名的市场营销人士并不支持这个观点。

安德鲁·埃伦伯格（Andrew Ehrenberg）、拜伦·夏普（Byron Sharp）和其他一些专业人士曾说过，这个观点缺乏实证性的证据。[①]彼得·菲尔德（Peter Field）和我说，他在使用英国广告从业者协会数据库进行的广告实效性调查中，也发现了"品牌差异化事实上是取得成功的一个相对较弱的动力，我们在品牌身上几乎找不到尤其与众不同的功能。因此，如果你遵循的道路是要找到品牌的不同点，然后就其进行放大，并在广告中宣传，那么你的精力不可避免地会分散到那些通常是次要的，或者甚至可能是毫不相干的不同点上去。"

因此，或许在如波特此类提倡企业应当进行品牌差异化的发展理论，以及在广告和市场传播中谈及我们的品牌有何不同的建议之间，二者有细微的差别。我认为这场辩论并非争论这种做法是否为坚实可靠的商业战略，尽管要长期施行起来是非常困难的。我认为这场

[①] *How Brands Grow*，by Byron Sharp，2010.

辩论更倾向于讨论这种做法能否也是一种有效的广告战略。

为什么不能是有效的呢？似乎人们并不会相信品牌之间能大有不同。专家提出的数据显示，我们会有规律地选购少数品牌，并在其间自由切换。以我自己的情况来看，我会认为如果人们觉得O2是沃达丰的替代品，那么这两个品牌之间相似多过它们的不同，而非全然不同。

论点是品牌差异化的确是存在的，但它不是不同品牌之间的区分。比如说，一辆双门跑车和一辆五门家庭轿车是不同的。然而，大多数互为竞争对手的品牌两种车型均会销售，主要因为他们互相模仿。成功的办法和创意总是很快被人模仿开来。

但品牌差异化是可以存在的，我自己也亲身见证过。在英国和爱尔兰，O2原先独家出售了苹果手机（iPhone），两年后其他手机移动网络运营商才被允许售卖苹果手机。彼时的苹果手机与其他品牌的手机很不一样。显然这种差异化是值钱的，因此苹果手机的价格也更贵。此外，至少在那两年里，O2是与众不同的——

它是唯一一家能售卖苹果手机的手机移动网络运营商，当然这只是暂时的品牌差异化。国际贸易支付工具PayPal的联合创始人彼得·蒂尔（Peter Thiel）相信品牌差异化的作用，尽管他在《从0到1》(Zero to One)书中提出你需要将自己的品牌和其他品牌拉开大差距。十倍的差距更好，而非微不足道的差距。

这些论点都重要吗？还是说仅仅是一些学术性的论点？这确实在学术界引发了一些不错的辩论[①]，这些辩论也是值得的。但我们在对比品牌差异化（differentiate）和品牌特色化（distinctive）的时候，是否只是一种装腔作势呢？

从实际角度看来，我认为这些辩论是重要的，因为它和做出更好的市场决策相关。如果我们的品牌和其他品牌有一个明显的不同点，能让顾客觉得值，很想要，那太好了。我们来呶喝吧。目前我和一个品牌合作，我觉得，至少到目前为止，它有一些很不一样的地方，而且有足够的价值，能让人愿为其多掏钱。这个品牌正打算在

---

① www.marketingweek.com/ritson-versus-sharp-won-clash.

广告里突出自己的不同点，效果如何我们拭目以待吧。

但如果我们的品牌和其他品牌没有什么不同点可值得说，其实没有这种品牌差异化也能赢得顾客，这看起来似乎也行得通。我们熟悉的品牌，或者说大众流行的品牌都这么干过。明白了这一点，或许我们就可以少花好几百个小时工作，无须承受无尽的头痛与争吵，还能省下高昂的代理费，明明这些痛苦只是为了那单薄无力的不同点。而发生这一切是因为我们确信品牌差异化很重要。巴韦斯教授和我说，这种"过分执迷各种独特的销售主张（USP）"是市场营销人员所犯的最大错误之一。

尽管品牌差异化这一议题十分重要，但我所学到更重要的一课是要挑战市场营销领域里的"各种真理"及其潜在的假设。

 狐狸经验

你要挑战各种长期持有的市场营销真理与信念。

06 连环杀手

我们犯下的种种策略错误中，有一种错误会以不同面貌出其不意地显现，像一个果断机警的连环杀手。这个错误便是自以为是的因果关系。

举一个最常见的例子，我们总会自我感觉发布的广告是有效的，因为销量增加了。但是我们却没有考虑其他也可能促进销量的因素。比方说，经销量增加了或是媒体投放量增多了，价格促销更给力了，竞争者变少了，也有可能是整个市场做大了，或者是出于天气的原因销量增加了。

诚然，这个例子中的错误看似浅显，却时常发生。即便现在我都必须十分努力才能不在这上边"摔跟头"。我采访了珍妮·罗曼纽克（Jenni Romaniuk）教授，她是广告领域里的知名品牌专家，同时也是澳大利亚智库、南澳大学商学院营销研究中心（Ehrenberg-Bass Institute）的教授，与夏普合著了《非传统营销》（第二章），近期她出版了《打造差异化品牌资产》（*Building Distinctive Brand Assets*）一书。

我曾向她咨询过对一个知名广告活动的意见，这个广告活动是业界公认的成功案例。没过几分钟，罗曼纽克便发现了我忽视的一条信息。这个广告活动启动前，品牌方因产品召回而停止广告很长一段时间了。她解释道："如果事实确实如此，那么不管后面做的什么广告，都是在给品牌提升知名度。"

她的观点是在这种情况下，我们不能说销量增加是因为广告做得好。相反，有可能这是因为品牌此前什么都没做，而现在开始做广告了，所以才有这种成功的广告效益，但这对我们理解哪种广告形式或者广告是如何运转的没有什么帮助。

反过来想也可能有理。如果你的市场份额没有增加，人们有可能直接下结论，认为是你的广告没有起到作用。当然，一个挺合理的解释是如果没有这些精妙绝伦的广告，市场份额有可能缩减得更迅猛。

对因果关系的错误理解也会以不易察觉的形式出现。例如，如果我说在英国，人们更喜欢咖世家咖啡，而不是星巴克，你会做何感想？如果你是星巴克市场营销团队成员，或许这无关紧要的小细节对你而言并不是那么令人愉悦。市场负责人止不住一探究竟，他们脑海中浮现的答案或许是星巴克的品牌建设存在根本的问题。而且他们还会想，如果真的存在这种问题，会不会马上影响品牌的客流量或销量？

我们或许会猜测，更多人喜欢咖世家咖啡，我们是不是要做点什么。顾客更喜欢咖世家咖啡或许因为他们是英国人？如果真是如此，或许我们该决定增加当地的品牌市场营销，以提高顾客偏好这一项的得分。但是别担心——有个解释没那么令人心神不宁。咖世家咖啡店铺在当地的数量约是星巴克的两倍。店铺数量更多这个事实意味着有更多的人喝咖世家的咖啡。调查人们喜欢哪一家咖啡的时候，多数人都会回答自己平时买来喝的咖啡品牌。既然当地有更多的人买咖世家咖啡，那么就会有更多人在调查时候回答他们喜欢这家的咖啡，因此调查结果是更多人喜欢咖世家咖啡。

我们往往以为顾客偏好会推动品牌销量，这个观点没什么问题。如果我们更喜欢某样东西，便会买下这样东西。得按着"先顾客偏好后销量"这个顺序来。但是对于星巴克而言，报告称①，顺序反过来了。先是销量，再到顾客偏好。他们的品牌追踪数据显示，商业规模与使用率和顾客偏好均相关。如果品牌开更多的店铺，他们的顾客偏好得分就会提高。

我们持有的假设并未遭到疑义，广告能改变人们持有的态度——紧接着便能推动销量的增加。这种路径的确是可行的，但并不一定事事如此。真正的成因有可能需要倒过来想。毫无疑问星巴克团队深谙这一点。他们清楚得很，像是顾客偏好、信任和品牌考虑这些指标仅仅反映出该品牌在前阵时期增长了，而远非传播之功。

要鉴别出真正的因果关系绝非易事。约十年前，我还在O2公司，发现为了促进自家的线上销售，在谷歌

---

① IPA Effectiveness Awards（Silver，2018）. *Starbucks and social: How Starbucks created the fourth place in coffee culture*.

广告频道上推广远比在其他广告频道上来得更为有效。于是我们把预算从报纸广告划到了谷歌广告那边去。但我们在与顾客交流时，方意识到最先让他们对品牌感兴趣的通常是报刊广告。他们在通勤公共汽车或地铁上会偶然瞥见O2新推出的手机广告。现如今我们可能会突然掏出手机，进一步搜索有关这个广告的信息，又甚者直接在手机上下单购买。但那个时候是在十年前，人们会等到了公司或晚上回到家上网。他们会在谷歌上搜索这款产品，然后点击下单。当时报刊广告创造了销量，谷歌广告同样功不可没。在那个时候我们需要同时采用两种广告方式。

你或许听说过称为罗瑟·瑞夫斯谬误（the Rosser Reeves Fallacy）[1]的论点。在研究里，我们常常发现，能注意到我们广告的人更有可能购买我们的产品。而这一点也可能让我们得出结论，以为人们越能想起我们的产品，就越能增加我们的销量。然而，这层因果关系或许需要倒过来看。如果你购买了一个品牌，那么你想起

---

[1] www.millwardbrown.com/global-navigation/blogs/post/mb-blog/2015/07/13/the-research-fallacy-that-refuses-to-die.

这个牌子的可能性，就会比那些没有购买该品牌的顾客高出两三倍。

去年，我在给一个宠物食品类别做项目的时候，注意到有一个牌子采取了些措施，他们的顾客考虑度和品牌渗透度增长最快。我猜想那些宠物主人一定是最喜爱这款宠物食品了，而且肯定因为他们喜欢，所以才会有更多的人考虑这款宠物食品，并且最终买下。但是，在和这些宠物主人进行了约30个小时的深度访谈，再加上几次店铺走访后，另一种成因浮现了。这个品牌的经销分布提升得非常出色，有可能是因为这个牌子在店铺内出现得更为频繁，所以有更多的人能看见并试用，而这种试用机会也让更多的人能考虑购买这个品牌的宠物食品。

我的经历是很年轻的时候接触了因果关系和相关关系之间的区别，当时我才12岁，或许我父亲觉得我会对这一点感兴趣，可实际上我并没有什么兴趣。倒是现在我觉得这很有意思了。

 狐狸经验

　　无论何时你遇着了关系，先别着急下定论，哪个因素导致了哪种结果。有可能两者皆为成因，也可能两者都不是。找找第三种变量，或许它才是造成两者形成的原因。

07 品牌忠诚度

　　我超爱韦士柏（Vespa）踏板车。我很喜爱这些车子，从18岁开始就迷上了，当时邻居第一次提议或许我想要买下他的韦士柏PK50踏板车。实话说，我分享这件事部分是心想着也许比亚乔公司的首席执行官读了这本书，会用一辆1977年的复古PX型踏板车和我交换一些市场营销上的专业力量。

　　比亚乔公司的韦士柏踏板车价值大约4000欧元。我能从一个名为LML[①]的品牌那儿选到一件复制品，且只需不到3000欧元。但一切都一模一样，同样的车子底盘、同样的引擎，全都一样，除了标记。甚至凑近了些

———————————————

① LML为一印度尼西亚摩托车厂商。——译者注

看，你都无法注意到两个标记之间有何分别。根据一名地方踏板车交易商的说法，LML有比韦士柏便宜了25%的踏板车，卖得很不错。他和我说："说实话，只有一个极度渴望而又毫无安全感的蠢货才会在近些日子里买一辆韦士柏踏板车。"我手上有两辆。

我甚至不去辩护为何自己会持续花额外的钱购买韦士柏踏板车。我急着辩护的是，我已经四十多岁了，竟然还骑着辆踏板车。但千万别误会，觉得我是韦士柏品牌忠实虔诚的顾客。"品牌忠诚度"这类词让公司内部人士多感迷惑。在公司会议上讨论品牌忠诚度会让大家感到不解，会议也会变得毫无成效，不过会议本身或许还是挺逗的。如果你这周诸事不顺，需要调整状态，不妨亲自参加下一次跨部门的顾客忠诚度会议。

许多非市场部门人士假定忠诚是一种感觉，心怀忠诚的那种感觉。顾客的忠诚就是某种情感上的依赖。平心而论，这里是包含一些情感的。评测机构会做一些诸如"态度性忠诚度"的测量。

因此，当我们讲忠诚性策略的时候，我们指的是让人们对我们产生情感上更强烈的依赖吗？

　　不全然是。我们或许有情感依赖，就像是我和我那漂亮的韦士柏踏板车；但我们或许并没有情感上的依赖，我并不是说证据能表明我是韦士柏品牌的异类。我是少数人群的一分子，我这类的还算不上极少数，但依旧是少数的。大多数韦士柏踏板车的骑行者对品牌并没有情感上的依赖。如果真感到依赖的话，他们就不再会骑那些新式的智能自行车了，而是会设法获得一辆名副其实的古董PX型踏板车。

　　看起来，大多数品牌的多数顾客并非对其在感情上有多么强烈的依赖。我们在谈顾客品牌忠诚度的时候，一般并不是在说情感上的忠诚，我们指的是销售、购买，是钱。这里或许存在着各类感觉的因素，但是，我们在测量顾客品牌忠诚度的时候，指的就是顾客购买了这个品牌的多少东西。因此，品牌忠诚度测量的起点并非感觉或态度，而是一门重复性的生意。

　　尽管或许我们对自身购买的大多数产品并没有情感上的依赖，但我们对其还是挺忠诚的。我们在重复购买这一点上就展现了忠诚的一面。是的，顾客忠诚的现象依旧活跃，对此我们有十足的证据证明。[①]

对多数品牌而言，顾客的重复购买是非常重要的。我们并不会花太多的脑力从货架上选择产品，但这也并不是一种随机的决策。我们在购买的时候，心中已经有几个觉得可以选购的品牌了。

 狐狸经验 ————————————————

我们会对品牌忠诚，即便对其并无情感上的依赖。

———————————————

① *Byron Sharp on How Brands Grow, five years on*, by Joseph Clift. *WARC*, 2015.

08 我要和乐购分手

　　千万别抓着零售连锁店乐购（Tesco）不放。但我想乐购也会承认，之前的我的确是一个挺忠诚的顾客吧。过去三年里，我们家每周都在他们那儿买不少东西，每周一定会去他们家实体店两三回，也会在他们家网购。

　　即便我萌生了要和乐购分手的想法，但我们家的两个双胞胎儿子心里还是放不下乐购的。乐购是他们最初掌握的词语之一，另一个是苹果。此苹果非彼苹果——那个价值上万亿元的品牌。孩子们当然真心实意地喜欢乔纳森·伊夫爵士（Sir Jony Ive）所设计的一切。

　　所以，可以说我们家是乐购的忠诚客户，但这种关系马上要走到尽头了。未来几周里，我就要和乐购分手了。我敢打包票，乐购总部里的各个市场营销人员更希望能把我们留下。尽人皆知，留下老客户要比开发新客户便宜得多，是的吧？嗯，可能吧。但我们还是要停下来想一想。

打广告这事，价格不菲。对于乐购或其他零售品牌而言，把广告预算划到客户体验和客户品牌忠诚度的方案中，提高客户的体验，真切满足他们的需求，联系得更勤快，让他们满意开心，自然是上策。总而言之，把钱投入到这些老客户身上，而不是现金撒一大把，追求新客户。服务好老客户，他们自然终生是你的客户。

但事实上并不尽然。这些老客户并不会一辈子一直购买你家产品。乐购对我而言，已经够好了，甚至把我们那儿的一家店铺翻新了一遍，开了家面包店，非常讨喜。所以我为什么要和乐购分手呢？他们做了什么事激怒我们了吗？还是我们在那儿的购物体验很糟糕？产品太贵？不，不，不。没有什么花里胡哨的理由，只是因为我们要搬家了。在以前，我们家走八分钟就能到乐购，搬家后呢，得开一个小时的车。所以说，接下来几周里，我们家附近的超市要变成邓恩（Dunnes，爱尔兰的一家零售企业）了。

当然，如果我再经过乐购，他们也可能会发现我在他们那儿买了些东西，不经意留下了些细屑。但先不理会这些购物留下的痕迹，乐购也是逐渐要失去我这个老顾客了。嗯，未来十几二十年吧，除非他们愿意开得离我新家再近些。

乐购，一直以来都很合我意，但我的生活还要继续前进。我已经开始纠正两个孩子不要再说乐购了，是邓恩超市，孩子们，邓恩超市。

与此同时，我也要与家附近常去的酒吧和咖啡厅道别了——特别棒的巴特勒的餐具室（Butler's Pantry），和桑迪芒特（Sandymount）这边一家小巧的餐馆布朗（Browne's），我正好坐在这儿噼里啪啦敲字呢。如果新家附近的酒吧没有英国酿酒狗家（BrewDog）的精酿啤酒朋克IPA（Punk IPA），那我很有可能会和那家酒吧说拜拜。要和现在家附近的这些店道别，我实在是不情愿，我得承认，他们对我太好了。我没有什么可抱怨的，也向大家推荐他们。但很不幸，我无法成为他们的终生顾客了。

如今我接受了一个事实，并不是每一家乐购每年都会换地方。但如果要解释为什么品牌不能依赖顾客终生都会购买自己的产品，有一个更为常见的解释，即大家所说的"漏桶（the leaky bucket）①"。我拿着这个概念向菲尔德请教。他很有见地，人特别好，解释说漏桶现象是一切品牌必定会遭遇的基本现实。品牌需要一直往漏桶里加水。他建议我"如果我们仅仅依靠已有的顾客购买我们的产品，那么我们的客户群会不断缩减，而最终无法实现增长。"

所以说呢，我要和乐购挥手告别了，但我最喜爱的零售商——亚马逊呢？我可是亚马逊的忠实顾客，几乎所有书都是在它家买的。刚查了下，自己在亚马逊上买的第一本书是2005年2月下的单，那本书是《模拟真题破解GMAT考试光盘版》（*Cracking the GMAT with Sample Tests on CD-ROM*），这本书是个经典，我敢和你保证。

也就是说，我是亚马逊15年的忠实老顾客了。我觉

---

① *Marketing in the Era of Accountability*，by Peter Field and Les Binet, 2008.

得吧，除非亚马逊倒闭了或不再出售各种电子书阅读器Kindle了，否则我还是会继续在亚马逊上买书。据各种说法，亚马逊老板杰夫·贝索斯（Jeff Bezos）是真正执着于顾客的人。但从亚马逊目前投入的大量广告来看[1]，似乎他们也知道存在这个讨厌的漏桶。这也说明了，即便是像亚马逊这么依赖现有顾客的公司都不能仅仅依靠老顾客实现增长。

 狐狸经验

不要依赖现有顾客实现增长，要不断往漏桶里注水。

---

① www.statista.com/statistics/506535/amazon-marketing-spending.

09 此忠诚非彼忠诚

　　"漏桶"现象是众品牌面临的现实，可这是为什么呢？为什么我们会不断流失顾客？答案在于竞争。我们总是在与那些恼人的竞争对手互相争夺客源。

　　实际上，客源流失很可能对大多数同类品牌而言不过是一个误解。并非品牌自身流失客源，而是各品牌之间共同享有这些客源。埃伦伯格对此做出如下解释："你家顾客实际上是别家的顾客，他们偶尔过来买你家产品而已。"

　　我们对品牌都非常忠诚，只不过做不到百分百忠诚不移。我们都是同时购买多种品牌的忠诚顾客。[1]基本

---

[1] 安德鲁·爱伦堡在许多文章中都讨论到了这一点，拜伦·夏普在其《非传统营销》中也就此做了不少论述。——译者注

上，你的顾客会在你不察觉的时候溜掉，四处张望，转身便买下你家竞争对手的产品。我们每次购物的时候，并不会购置同一牌子的洗发水、体香剂或香皂。许多产品类别中，位列榜首的品牌常常只能拿下不到30%的购买率。毫无疑问，如果顾客每次都只从星巴克买咖啡，星巴克肯定会很高兴，但这种情况并没有发生。

为什么我们每次都不会选择同样的品牌呢？这取决于产品类别。原因之一在于我们想要多样的选择。我在线上扑克工作的时候就曾见过这种情况。扑克玩家喜欢把不同的牌混起来，而且也喜欢换着地方玩，在不同的桌子碰碰运气，结识不同的玩家。所以说，这些顾客往往在自己的电脑或手机上，都下了好几个扑克软件。

凯文·格雷（Kevin Gray）是一名数据科学家和市场营销研究专家，清晰地说明了顾客的购物行为。他解释道："如果我经常买同一个牌子，可能仅仅是因为这个品牌通常就出现在我能购物的附近。或者有人让我帮忙买这个牌子，又或是因为我想选一款商品给别人，我又刚好知道他们喜欢这个牌子。诸如口味和包装大小这些因素也需要考虑。我的女儿特别喜爱吃绿茶口味的雪糕——她可不在意具体品牌。相较于可口可乐，品牌上我个人更喜欢喝百事可乐，不过容量大小（500毫升）可比品牌更重要。我经常买某个品牌的产品，并不能说明那是我最喜爱的品牌。有可能我最爱的品牌是另一个，或者说我只是一个买东西的，而不是品牌顾客。有些人购物的时候仅仅依靠价格做决定——品牌对他们来说无所谓。"

这又引出了一条著名的定律"双重危机"。在市场营销领域我们没有太多的定律，但这一条定律或是最贴近上述所描述的现象了。

2010年，我首次接触"双重危机"这条定律，当时夏普教授新推出《非传统营销》一书，我竟有些惊慌。市场营销领域里的人从1969年开始就知道这条定律，而我到了2010年才刚刚听说。显然，自己了解太迟了。当然我要怪我父亲，谁让他早年给我列书单时没添上这一本呢。也许他在讲重复销售中的狄利克雷模型（NBD-Dirichlet）时提了几句有价值的信息。时至2010年，我已做了十年市场营销领域里的决策。如果你之前问我什么是双重危机，大概我最靠谱的猜测是某种法律漏洞吧，我猜讲的是如果你杀了人，但在第一轮审判中被判无罪，那么你就不能再接受审判了。

广泛来看，这条定律告诉我们，同种类别商品的不同品牌之间往往拥有相似程度的顾客品牌忠诚度，行为上的忠诚。用直白的话来讲，就是星巴克顾客上门的次数与咖世家咖啡顾客上门的次数大致相同，就如舒尔（Sure）体香剂顾客的产品购买量和妮维雅（Nivea）顾客的产品购买量无甚大异。

我感觉自己对这条定律有所简化，不过，"双重危机"所传递的实质内涵简单明了。依赖向现存顾客重复销售这个法子，对于大多数品牌而言是十分重要的，然而"双重危机"告诉我们不能因此而大幅度提高顾客在我们这里的购买量，至少和同类型产品的平均值相比，我们无法做到。顾客购买你品牌的次数是有上限的。实际上，你常常能比较精准地预测出这个数值。

假设一般的顾客在我们的产品类别里选购自己最喜爱的品牌，比方说，一年买12次，这是我们大约能估出的数值。或许我们能够在此基础上增加，比如，14次甚至16次。但我们不可能将这个数值翻倍，无论我们的顾客服务做得多么体贴入微，我们的顾客不会一年买24次，因为这事不可能。大多数市场都具备这种特征，可以明显看出我们没有太多可鼓劲的地方。如果手里的市场营销方案依赖远超产品类别里一般的购买忠诚度，那么或许这就是搬起石头砸自己的脚了。

也许这听起来令人沮丧——除非你是市场领军者——不过事实会比这听起来的更为糟糕。这种现象被称为"双重危机"是有原因的，小品牌会遭受双重打击。因此，尽管不同品牌之间顾客的购买量倾向于相同，然而更大型品牌的顾客购买量往往会更大。如果更大型的品牌一年只得到顾客12次消费，那么小品牌更是遗憾地无法拿下顾客12次消费了。

🦊 狐狸经验

检查一下你的产品类别里是否存在双重危机现象。如果是的话，运用你的产品类别忠诚度数值来估算你所能预期获得的产品忠诚度。

10 最庞大的客户群体

如果我们相信漏桶原则，认为有必要持续寻求新的顾客，那么或许最显而易见的目标客户当然是大量购买我们产品的人。重度用户，这看起来是最显而易见的选择，但实际上有可能是个错误。

我喝很多咖啡。大多数日子里我会喝上约三大杯美式咖啡，除此之外，偶尔还会偷偷喝个双份意式浓缩咖啡。我强烈怀疑自己就是你们所说的产品类别重度用户。你或许听说过二八定律（Pareto Principle），这条经验之谈遍及范围很广，指出了一切事物中能带来更大价值的只占小部分。任何初涉直复营销（direct marketing）的人都对此谙熟。

理查德·科克（Richard Koch）就此写了一本上乘

佳作《80/20定律》(*The 80/20 Principle*)，约二十年前对我影响巨大。坦白说，这本书表达了一种你如何看待事物、工作和人生的思想观念。这种思想观念说服力强，我个人非常信服，但这毕竟只是经验之谈，而非通用法则。一旦在市场营销领域运用这条经验，我们首先需要寻找证据。

的确，我们常常发现，程度更深的重度用户每人能带来更大份额的销量。但是对于这些重度用户而言，他们要买的东西可多了。例如，我不太可能每天都买六大杯咖啡，不管我家附近的咖啡店推销得多厉害。因此，锁定我或者像我这类顾客作为重点增长人群实在是件难事。并且他们也不一定能一直维持着重度用户这个身份。我为了写这本书，采访了专家维默尔·斯尼德斯（Wiemer Snijders），他在其绝妙的《把你的青菜吃了》(*Eat Your Greens*)一书中提醒我们，今年我们的重度用户转年便可能成了轻度用户，而与此同时，曾经的轻度用户可能更多地使用了我们的产品。此例便为众所周知的均值回归。

你的错误认知有可能让你忽略了那些轻度用户，而在那些更有盈利价值的重度用户身上双倍押注。这是因为品牌增长来源于轻度用户，而非重度用户。这种轻度用户的概念突然在不同的产品类别的产品中出现：家用产品、汽车、金融服务等。斯尼德斯和查尔斯·格雷厄姆（Charles Graham）在这些领域的分析中揭示出：在英国，超过三分之一买多芬的人，六年里只买过一次，而实际上这对于其他许多消费包装产品类别的品牌而言，是非常常见的。

试想一下，一个人六年里只在你们家的品牌买了一次产品，一般品牌在这段时间内已经历经两任市场营销主管了。

尽管手中握有这般证据，但是通常在商业领域里大家对轻度用户的相关性都不甚明了。平心而论，除非你对这个概念有所意识，否则非常容易犯下忽视轻度用户的这种错误，尤其当你还是二八定律的粉丝时。我自己就是如此。我们很难立马察觉到这些轻度用户，因为他们每个人都并没有在我们品牌上花太多的钱。但正因这类用户数量庞大，他们可单列为一组，最终贡献出巨额消费。对多数品牌而言，他们的多数顾客都不会买太多，但是绝大多数的销量都来源于这群人。

回到O2的例子。我记得在读了拜伦·夏普的书之前，自己曾大力宣扬要专注于重度用户，这群顾客是不顾话费而喜爱在手机里聊天发短信的人。他们是能创造出诸多价值的群体，但仅仅是少部分。我记得当时有过争论，作为一名二八定律的狂热分子，我执意认为，我们应当主动放弃庞大而不忠诚，且对价格敏感的用户群体，我们只需要把精力、预算和资源集中在更小部分，但更能创造价值的群体上即可。我辩输了，幸亏啊。因为即便那些轻度用户忠诚度不高，摇摆不定，个人花费不多，且对高价极其敏感，但是他们依旧每月为我们品牌带来了巨额收入，他们才是市场。

 狐狸经验

不要忽略你的轻度用户，他们或许是你最庞大的客户群。

11 足够好

尽管我在O2工作那会儿并不了解双重危机，但是当时这个品牌在爱尔兰的表现还是相当不错的。我们整体在市场里排第二，而在预付款客户这部分，以及利润更高的合约客户部分均列市场首位。

尽管当时爱尔兰人口中有三分之一是我们的顾客，但到了2011年，我们却在年轻一代顾客群体上遇到了些挫败。年轻人觉得我们的产品贵了些，他们并非不喜欢我们的品牌，只是觉得这不是他们要选的。这些年轻人和我们说，O2更像是他们父母会使用的品牌。我们当时制订了几种方案来解决这个问题，其中一种就是要发布一个单独针对年轻人的新品牌。

发布一个小众品牌是有风险的。市场营销本身就是一场数字游戏。并不是说小众品牌就绝对是错的，只不过风险会更高些。

但这次发布是一场很有意思的实验，维持着合理的低成本，也会影响着其他市场中投入更大的部分。新品牌发布后次年我访问了哥伦比亚、阿根廷、秘鲁和墨西哥，评估当地是否有相似的市场机会，能让我们发布一些新的品牌。这活难办，我懂的。

无论从哪方面看，我们的小众品牌都是一种不一样的商业模式。这是一种削减过的移动虚拟运营商，被称为MNVO。彼时，众竞争者有超过50家高街商店，我们却不打算开这类的店。他们全然配备顾客呼叫中心，规模庞大、人员齐备、造价高昂，而我们的服务只采取线上形式。彼时，各类手机网络的套餐方案、样式和配件有上百个。对顾客来说复杂得很，令人头大，且对于手机网络运营商而言，成本也高。我们当时只推出了两款非常简单明了的套餐。

我们不会出售手机。对手机网络运营商而言，出售手机是一把双刃剑。伊始，他们能吸引顾客进店，却又花费手机网络运营商大量成本，且发展至后来，顾客欲升级换代之时，常引发极大的不满情绪，流失大批顾客。我们不希望事情变得复杂，仅出售用户身份识别卡（SIM卡）。实际上，我们会免费赠送这张卡。多数手机网络运营商有成千上万的员工，而我们仅有11人，一切从简的方式使我们能提供的价格极低。

不过在以前，其他公司也在爱尔兰和其他国家试过这种做法。我们在爱尔兰推出MVNO服务之前的18个月里，至少有两家公司这么尝试了。他们均提供了市场上最低的价格，却双双迅速悄然出局。尽管应考虑到当时国家经济衰退的环境，但对于这种价格极低的新品并未引发人们哄抢的现象，我还是认为挺不可思议的。

是什么阻止了大家的热情呢？嗯，作为商业人士，我们往往认为质优的产品自然会赢得市场，或者，质量相同的情况下，价低者赢。我们需要做的就是让人们了解我们的产品，那么他们自会围过来。但为什么他们并没有聚集过来，因为人们觉得挺符合"满意度（satisfice）①"的了。

---

① 市场营销领域里一般说的满意度指的是satisfaction，这里的翻译原文是satisfice，网络上有人称之为"满意即可"。——译者注

是的，就是"满意度"这个词。每当我提及满意度的时候，人们都以为我在胡编乱造。实际上，1956年，诺贝尔奖获得者经济学家赫伯特·西蒙（Herbert Simon）提出了该词，他将满意（satisfy）和满足（suffice）两词合在一起，基本上，这个词的意思就是我们会选择"足够好"的东西。

我想自己是在读罗里·萨瑟兰（Rory Sutherland）的第一本书《维基人》（The Wiki Man）时第一次发现"满意度"这个词的。萨瑟兰本身在市场营销界是一位传奇人物，以其对人类行为和决策锐利的观察而出名。他才智过人、与众不同、机警聪颖、深具魅力且热情洋溢，大家都很喜爱他。

或许我采访他的时候挑错时间了，当时正值他的新作《炼金术：不按常理出牌的惊人力量》（Alchemy – The Surprising Power of Ideas That Don't Make Sense）发布周。不过，尽管他行程极为繁忙，萨瑟兰仍抽出时间与我交谈，他解释有两种情况：一是人们选择一种品牌而非另一种品牌，是因为他们觉得选择的这个品牌更好；二是人们选择了这个品牌，是因为他们更能确信这个品牌是好的。两者之间有区别，而且更重要的是，我们在选择的时候不会意识到这种区别。

他举了一个极其典型的消费例子。比方说，你正选购一台电视机，在两个品牌之间犹豫。两个品牌的电视机看起来大小一样，画面质量与功能也一样，一个是你从未听说过的新品牌，而另一个是三星。三星的这台电视机要价高200多英镑。如若你想尽可能买到最好的电视机，那么避免买到无用的电视机更为重要。这个不知名品牌的电视机或许质量是不错，但你要选择新品牌的电视机就会有风险，或许风险不大，但毕竟是个风险。那么这时你会怎么选？你会买三星。引用萨瑟兰的话说："我们不了解满意度，就无法真正理解品牌。"

我们在考量新品牌的时候就面临着这种挑战。要说服年轻人我们的新品牌最便宜，还相对容易些，但要说服他们这个新品牌并无风险，可难多了。如果某年轻人要换掉自己现有的手机网络，转而使用全新的、从未听闻过的品牌，这是不可能的，他们会突然与所有的朋友失联，没有年轻人会冒这样的风险。

那么我们是如何降低这种风险的呢？嗯，其中一个方法还挺潮流的。我们都热衷于社交，会让他人影响自己的决定。如果所有人都在谈论某一种特定的品牌，那么我们更倾向于觉得这是一个很靠谱的选择。因此，当时我们集中精力在此处发力——我们如何能够创造出一款一经推出即引爆讨论的新品牌？

 狐狸经验

　　我们不总是选择最好的或最便宜的品牌，我们只求满意。

12 大胆创新

我还记得给苏珊（Susan）打电话的场景。当时是周五，刚结束伦敦紧张繁忙的年轻人新品牌周，人已在希思罗机场，正前往都柏林。苏珊是运营和法律的负责人，可以说她几乎什么都管。

我："嗨，苏珊，我们这边结束了，我们弄了个新品牌。"

苏珊："嗯，好的。新品牌是什么？"

（我觉得她是想听到品牌的名字。不过她当时的意思是"大家是怎么称呼这个品牌的？"）

我："唔……我们正在打造一个品牌，只有18~22岁的年轻人能购买并使用该品牌的产品。"

沉默。

苏珊："解释一下。"

我："也就是说，只有到了18岁的年轻人才能使用我们的手机网络。他们一到22岁，我们就把他们剔除出去。这个品牌叫'48'。我们将是他们人生中最美好的48个月里的品牌。"

沉默。

苏珊："好吧。那么，首先，德万，那根本不合法。"

上周一，我们一小群人在办公区里碰面，商量新品牌。此前几周，我们一直在深入讨论企划的目标，我们脑海中不断涌现新的认知和想法。当时已经进行到最后一部分了，是在发布前的最后一周。当时和我们一起讨论的创造人才，个个才华横溢，他们来自华特意富创新中心（What If Innovation），好几位搞创意的人和一群年轻人。我们一起挖掘想法、激烈辩论、构建产品、分享创意，在年轻人中测试我们的想法。

尽管低价无法让我们在市场上胜出，但我们的任务是要打造一款能引爆话题的产品。这是一个典型的挑战者品牌。因此，我们融入了挑战者品牌领域里不可撼动的权威观点，包括《小鱼吃大鱼》（*Eating the Big*

Fish）一书的作者亚当·摩根（Adam Morgan）及其他几位专家的意见。

我们当时发布新品牌采用了稀缺性（scarcity）的策略。稀缺性原则告诉我们物以稀为贵。摩根和他的营销顾问公司Eatbigfish合伙人马克·巴登（Mark Barden）告诉我，他们经常鼓励团队看看其他产品类别里的成功品牌是怎么做的，我们当时就这么做的。

当时，让我们感到比较兴奋的是谷歌发布了谷歌电子邮箱Gmail。他们在2004年发布的时候，承诺要比当时所有的电子邮箱如微软的电子邮箱Hotmail提供更多内存空间。他们将Gmail定位成众多电子邮箱之中的最佳之选。当然，Gmail还是免费的。但或许你还能记得，他们当时并没有大规模开放使用权。你只能够通过邀请才能获得电子邮箱。不久之后，他们便对公众一律开放，当时他们做的，正是通过稀缺性吊足人们胃口，引发热议，最终人皆求之。

稀缺性这个策略对于我们而言是再合适不过的了。我们并不想占领整块市场，因为新品牌有可能会冲击到我们原有的O2顾客群。我们只想让年轻人来，而不是他们的父母——这些父母大多数都在使用O2手机网络。

我们在琢磨能否将稀缺性注入这款新品牌的灵魂之中。稀缺性不仅仅被当作一种营销策略，而是一种内核，融于品牌自身。我们研究了各种有关稀缺性的概念，并拿去年轻人群体中测试，整个过程进行快速，极其顺畅。

我们的这个想法不包括所有低于18岁和超过22岁的人群，最终取得了非常好的效果。我们的品牌故事讲述了你生命里最美好的四年时光，我们只为这个特定的群体提供最低廉的价格。对于品牌名字也取得很简约，"48"——代表了这美好的48个月。

这想法真是太妙了，活力四射。与此同时，问题多多。一方面，诚如苏珊所言，这不合法。你不能阻止人们加入手机网络，否则即为歧视。然而，只要我们实际上并没有阻拦人们加入手机网络，那么我们的行为便不算违法。即使投诉纷至不可避免，但也不会对我们造成干扰。

另一方面从财务上来看，问题也不少。如果我们把目标仅锁定在18~22岁年轻人群体，该如何实现盈利呢？这问得在理。但是，团队初衷并非如此，我们真心希望能吸引比该人群更广的客户群体。青少年人群数量庞大，我们尤其应试想他们油嘴滑舌的时候，偷偷摸摸溜进诸如俱乐部之类的场所，如若他们想加入我们的手机网络，也定会表现无异，而这正是我们所想要的效果。

不过我们已经告诉大家不能加入手机网络了——但我们这么说反倒是为了吸引他们加入，这听起来荒唐吗？如果你想的是稀缺性，从逻辑上讲是不通的。但我们人类大多数的行为并非完全符合其应当符合的逻辑。谷歌向全世界宣布，人们不能拥有自己的Gmail，即是近例。最让我们董事会纠结的点在于，我们打算在这群年轻用户长到22岁的时候就将他们剔除出去。重申一遍，我们解释了不会真的这么做，我们也没法这么做。我们只是想让他们觉得我们会这么做而已。我们想要的效果，是人们对我们这个品牌议论纷纷。

于是，我们的新品牌发布了。

那可真的是一炮走红啊。社交媒体上围绕着产品的合法性迅速引发了激烈的辩论。网络论坛上有人扬言，威胁要起诉新品牌带有歧视性。我们进而煽动情绪，分发了一些拒绝信的图片，显示收信人被告知自己无法加入手机网络。我们在脸书上的顾客服务代理人接受了48品牌的训练，一有机会就会在网上和网友逗趣。我们给顾客发的邮件里解释，这封邮件目的是希望给他们做"背景调查"，想确认"他们不是某个犯罪嫌疑人"。

我们甚至还招兵买马，招募"拒绝主管"，专门负责拒绝人们申请加入手机网络。人们根本不敢相信这种放肆之举。这是在我们正式进行广告宣传之前发生的——不久后因投诉过多而被叫停。但这些举措持续不过数月，这也正是在我们的计划之内。我们每一步都会思考，这么做"人们会因此而讨论我们的品牌吗?"

新品牌以野火蔓延之势传播开来。发布后六个月内，63%的年轻人都听说过48品牌。其品牌整体传播知名度是48%，位列年轻人产品类别中品牌之首，口口相传是其中第二大推动因素。即便初期物流遇到困难，我们的品牌最终的获客量依旧超过了预期目标。

这真是其乐无穷。忆起彼时我们批准如此行事，我仍觉不可思议。若同样的情况发生在大多数公司里，我们48品牌的这个概念肯定会在给苏珊打的第一通电话后就夭折了。我得说句公道话，当时是董事会批准我们继续下去的，且对计划本身未曾修改一分一毫。实际上，我当时的老板、现任喜力美国（Heineken USA）首席营销官琼尼·卡西尔（Jonnie Cahill）和我说："德万，如果连董事会的人都不担心，你就不算做得太过。"对此我记忆犹新。

狐狸经验

　　大胆创新，产生最疯狂的想法，然后一鸣惊人吧。

当我们所需的是更低的效率时

不要用四分之一版面广告，这是规矩。

当时我们在推出年轻人新品牌48的时候，制订了一些规矩。而上述规矩则是我们感触最深的一条。我们写道："如果钱不够支付整版面广告，就不要在上面刊登了。无论如何，都不应刊登只有四分之一版面的广告，要么把预算省下来用于别处，要么退还预算。总之，不要刊登只有四分之一版面的广告。"

这个规矩听起来和现今人们对广告的看法可能不太一致。如今我们都太执着于效率了，一切都追求言简意深。所以要尽可能把能吸引人注意力的广告时间浓缩在15秒以内，或6秒，或3秒。人们对效率的推断深信不疑，认为高效必然意味着小版面。如果追求更高效率，那么这就得用更小的版面。

诚然，这种想法在某些情境下是合理的。市场直接负责人历经了成百上千次测试后，都清楚更小版面的广告效果通常比更大版面的要好。这些小版面广告不一定能引发更热烈的回应，但如果一平均下来，每份小版面广告的成本往往会更低。因此，在直接响应广告（direct response advertising）中，一份四分之一版面大小的广告通常比整版面广告来得更高效。

那么，为何我们要制订不要四分之一版面广告的规定呢？那是因为人们混淆了效率和实效性。实际上二者并不相同。效率很重要，可用于衡量我们做事的速度以及成本。但这并非我们的目标，我们希望实现用户增长，并争取达到某个增长数值。如果我们能低成本实现目标，那当然很棒，但我们不会就此降低目标。如果我们不解决这个难题，那么在完成相对轻松的任务后，我们的销量便会开始减少。

保罗·瓦兹拉威克（Paul Watzlawick）是奥地利的心理学家，提出了著名的五大沟通公理。他解释：在一切沟通里，要紧的不仅仅是沟通的信息本身，我们如何传达信息同样重要。传达信息的方式即为元传播（metacommunication）。元传播通常比传播的信息本身更具威力。

在市场营销领域里，元传播包含了我们如何传播、何时传播以及何处传播这几个方面。

我们要传达的信息就是我们的产品很便宜。实际上，是最便宜的。不幸的是，便宜也暗含着质量不太好的信息。因此，我们做广告，就是要告诉大家，我们的产品很便宜，但与此同时，我们也需要通过元传播的方式让大家放心，购买我们的产品不会蒙受质量下乘的风险。

比尔·伯恩巴克（Bill Bernbach）多年前就谈过信号（signaling）理论，尽管那时或许他从未使用过这个名词。一次广告大会上，他说："如果这时有人走进这个房间，那么你立马就会对他产生一种感觉。嗯，你第一眼接触到某个广告的时候也会有这种感觉，你会感到一股震动。在我们看来，这种震动，极其重要。如果你传达的震动是错误的，那么你接下来要持续与你留下的第一印象斗争。"[1]

---

[1] *Some Things Can't Be Planned*，by Bill Bernbach. *4As*，1965.

安布勒教授讨论过广告领域里的炫耀性浪费（conspicuous waste）。[1]他解释说，新的品牌需要在其传播的媒体中打造炫耀性浪费，只要大家不知道他们是在故意浪费，那么他们就不太会认为这种广告对于商家而言是种浪费。

这就是为什么我们会禁止刊登四分之一版面广告的原因。这种小版面广告暗示着我们品牌的财力仅能支付得起这一丁点版面了。我们需要人们在不经意看见48广告的时候，自动识别出其中的内涵，下意识觉得48是个响当当的大品牌，并且这个品牌会一直经营下去。品牌与顾客能发生接触的各个节点上我们都展现出这种炫耀性浪费。我们的电视广告质量绝佳，电影画面质感，时长达50秒之久。我们买下了唯一的大幅广告牌，以及长时间的电视台广告播放时段。我们在各个年轻人杂志里刊登铺满整个版面的广告，我们的芯片套餐设计简约大方，气场十足，一切都散发着自信的气质。

当时我们还不断评估和追踪品牌的接受度。我们在

---

① *The Waste in Advertising Is the Part That Works*，by Tim Ambler. *Journal of Advertising Research*，2004.

访问的时候发现，青少年眼里的48是个大牌子，和竞争对手平分秋色。在问及为何我们的产品价格会更便宜的时候，他们并没有将其与质量低下相挂钩，而是指出其他一些原因，比如没有开线下店，一切都在线上操作，还有一些（不太合理的）原因，例如我们规定不是每个人都能申请加入这个手机网络。

 **狐狸经验**

　　我们传播时总会暗含一些信息，要弄清楚你的元传播暗含了什么信息。

14 投资回报率非目标本身

"电视和户外广告？你没开玩笑吧？没有人会去看那些外面的大幅广告牌，没有人会看。我都试过了，打电话、发短信，还有个性化网页广告链接，统统没用。户外广告更没用，那样子我们没法完成目标销量。电视广告太奢侈了，要价比天还高。这些投放方式的投资回报率（Return On Investment，ROI）全是负数。不是说广告公司有多么上心，他们只是想做几个电视广告罢了。都是贼。"

这令人心生厌烦的一通咆哮，没错，正是我吼的，当时有些广告公司提议要做电视和户外广告。两种提议我都摆手拒绝了。这种广告提案不可能带来回报。用我那双胞胎儿子的话说就是"爸爸，这个提案是疯了吧"。当然，投资回报率指的是我们广告营销的投入所能带来的回报。在市场营销领域里，这是最常提及的衡量标准，对大多数公司来说，这就是不可忤逆的准则。

平心而论，人们的确甚少看那些大幅的户外广告牌。直接响应广告中，通常不会挑这种广告模式。我的错误在于相信大幅户外广告牌无法吸引能让我们获利的顾客。并不是只有我一个人这么认为。我见过太多的市场人士，他们会提醒我，千万不要户外大幅广告牌，因为一点用都没有，如果仅仅衡量广告对销量产生的直接影响，他们可能说得在理。近期一些研究，在估计户外广告的投资回报率时，发现数值为负。每投入1英镑，只能收回0.57英镑。但同一份研究还讲到，如果你愿意耐心等候，那么几个月后数据会高两倍。研究发现，每投入1英镑能换来1.15英镑的回报——也就是说获利了。

然而，与其他广告模式相比，15%的户外广告投资回报率还是稍低了些。比如说，我花了10万英镑用于直接广告活动，而这不仅能返回我10万英镑的成本，还能获得附加的3万英镑利润，这就成了非常可观的30%投资回报率了——商业里每投入1英镑，就能获利0.30英镑。相较于户外广告15%的投资回报率，直接广告活动的投资回报率是它的两倍。

我们的预算都有限。因此，如果我要基于投资回报率而在两种广告活动当中选择，那么我就会砍掉昂贵的大幅广告牌，而把所有预算都加注在直接广告活动上。我也可能会制订一条新规定，比如，只要投资回报率不达到20%，那么我们就不会通过相应的广告方案。我可不会触及其他更低效率的渠道。如此一来，我便能维持那夺人眼目的高投资回报率，不断在财报会议和年度表现回顾中捎带一嘴。

但投资回报率忽视了绝对收益。如果你放宽对投资回报率的规定，说服商家，比方说，花40万英镑投放户外广告，相对应的投资回报率是15%，那么这将产生6万英镑的利润。那么这时候，哪种广告方案更获利呢？是投入了10万英镑换回了3万英镑利润，还是投入了40万英镑换回了6万英镑利润能让公司获利更多呢？前者固然投资效率更高，但后者获得的实际利润更大。如果我们将40万英镑全部投入直接广告呢？理论上讲，这种做法行得通，但是每一种广告媒介都会出现收益递减现象，直接广告这种模式也在内，你无法一直保持高投资回报率。

尽管回报投资率所包含的意图可能是正确的，但是人们已经将其滥用，替代了市场营销生产率的概念，为一切市场营销开销正名。

安布勒教授对于市场营销的实效性持有某种独特的理解。他原先是一名会计师，后来成为一名市场人士，在变身为市场营销学者之前他已是一名非常成功的执业师了。《广告》杂志（*Campaign*）曾称其"大概是最伟大的市场营销人物"，而安布勒的著作《市场营销和底线》（*Marketing and the Bottom Line*）是公认的对市场营销衡量指标描述最为全面的书。

我曾向他讨教投资回报率。他告诉我市场营销人士发现，如果把营销沟通作为一种投资，那么就能提高自己得到报酬的概率。他补充说，许多人都很自信，在以投资回报率作为指向的市场方案结果出来之前可以对其撒手不管，而去忙别的项目——如果他们真的这么做的话。他建议我"不要只用单个衡量标准，投资回报率或者其他的一些标准，不要将其奉为圭臬——尤其当首席执行官是刺猬型人士的时候。综合利用多元衡量标准说服你的上司才是更明智的抉择。"

这是我所了解到的有关投资回报率最实际的经验了。它不过是一个衡量标准而已，用来衡量效率，而不是我们的商业目标。投资回报率对于短期的广告而言更为奏效，但我们千万不能将其与利润和增长混淆。

 狐狸经验

投资回报率不是目标本身，它是一种用来衡量效率的标准，而非用于促进增长的手段。

15 如何提升市场份额

　　"我们在外面的品牌知名度（brand awareness）可能会下降。"曾有一次上司让我列举出削减市场营销预算可能包含的风险，我如是回答道。但这种想法也许意味着我们铁定会把预算丢了，因为这么一句话透露了我不知何为真正重要之物，实际上品牌知名度并不会给我们带来报酬。我当时还说："我们第三季度的收益没达标，但不用着急，我们维持了品牌知名度。"这话也不太能入股东之耳。

　　无论是哪个部门，时不时地都会要求返还之前下拨的部门预算，以实现季度或年度目标。这就是常态啊！我们无一能免，只是市场营销往往首当其冲。正如此前所言，市场营销人士喜欢将其部门预算视作一门投资，但搞财务的看家本领却是要求"投资"一词须得有对应的实指之物。

比方说，各类投资往往要收购某种有形资产。分析顾问安德鲁·威尔希尔（Andrew Willshire）如是解释："持续追踪某个市场活动一段时间，便发现有形资产不见踪影——一旦钱花出去了，就没了。那么，按照会计的各项规定，市场预算在损益账内算作成本，而绝非资产负债表上的资产。下次你再试图说服财务总监，让对方承认市场预算是一项投资的时候，最好能记着这一点。"[1]

或许这话我们做市场营销的人不爱听，但我想如果把市场部门预算称作一项花费，或许我们的话别人就能听进去了。然而，正如威尔希尔所指出那样，我们这么做的时候，应当向对方展示，市场部门的预算是如何在商业领域内获取利润上起关键的推动作用的。我们在沟通的时候应当有效地"保持条理清晰，向财务总监争取更多的部门预算，且不至于让对方听得很惊愕。"

若别人过来讨论削减市场部门的预算，我们的职责

---

[1] www.marketingweek.com/marketing-cost-not-investment.

是要从旁解释这么做所带来的诸多风险。在市场营销预算里，媒体投放占最大的一块，也是最先削减的部分，除非这部分是指标营销预算，通常而言，和指标挂钩的营销预算是不会动的。这也能理解，毕竟这笔预算和销量之间的联系还是很明显的。但品牌媒体依旧会被盯上，要求削减，除非你所言的削减风险确确实实让对方心服口服。况且如果削减市场部门预算的唯一缺点仅仅是品牌知名度受损，谁又能因此而去责怪一个首席执行官或首席财政官做出这种决定呢？

也许他们相信减少媒体开支会对市场份额造成冲击，因而减缓市场投入的撤出。或者他们这么做是因为担心影响利润。而事实上这确实会对利润造成不利影响。这一点，算是在菲尔德和莱斯·比内（Les Binet）近来发表的对成千上万场市场营销活动的著名分析中，最重要的发现之一，且结论始终如一。二位发现品牌的"声音份额（SoV）[①]"及其市场份额之间的联系十分密切，且市场份额是推动利润的主要动力。

---

① SoV: Share of Voice，亦称"媒体比重占有率"。——译者注

要我来总结这份研究，大概如下：投入超过其市场规模所对应的声音份额，品牌的市场份额往往会增长。相反，投入低于其市场规模所对应的声音份额，则品牌的市场份额往往缩减。什么意思呢？假设此时你占有20%的市场份额，那么你的声音份额也应当占20%。如果你投入的声音份额低于这个数，那么就会面临原有市场份额缩减的风险。如果你投入的声音份额超过这个数，那么你的市场份额应当能增加。超出来的这部分投入称作"额外声音份额（ESoV）"，关于多少额外声音份额能换来一个新增的市场点，有一些经验法则能加以说明。

我猜想在现实中，应当不会像上述这般简单直接。也得看是在何种情境。必定要考虑的几个部分如产品、价格和分销。但这依旧不减其重要性，这种风险如若在董事会上不拿出来讲，会内心不安，怎可如此大意。菲尔德曾告诉我"我们可以非常自信，声音份额对任何一项市场营销活动来说都是一个关键的测量标准。"也是用于测量哪种投资与增长相关性最密切的主要标准，相关性极强的那种。

但声音份额到底是什么？声音份额指的是我们的品

牌在同类别产品的广告投放中所占的比例。假设我们投入了100万欧元的广告，而其余竞争者共投入900万欧元，那么我们的声音份额就为10%。又因广告投入包含了电视广告和谷歌广告等诸多渠道，因此很难算出一个精确的数值。

艾伦·考克斯（Alan Cox）是爱尔兰最大的营销传播公司核心媒体（Core）的首席执行官。是他最先提醒我注意声音份额与市场份额之间的关系。十多年后，今年我又追溯起这件往事，想看看这些年来，从他一开始给客户讲他的发现到现在，市场营销人士是否采用了一种更为实证的方式来做媒体策划。

结果是没用的。考克斯和我说，现实中人们很少通过科学的或基于证据的方法来确定广告预算。有些公司会从销售中固定一个比例的广告预算，有的则会考虑上一年的预算外加通货膨胀。再者，仅仅投入他们觉得自己能承担得起的广告费用。统统这些技巧，考克斯说："都远不是你所能有的最佳操作，市场营销人士每次做部门预算的时候，都应当遵循一种零基预算的预算方式。"

因此，当有人还在不情不愿地向公司返还市场预算的时候，有的人已经能够证明市场预算的实效性，并开口要求更多的预算。我们的学习榜样直线保险集团就是这么做的，当别的保险品牌削减其在英国的电视广告支出时，他们双倍投入，因而他们的电视广告投入是其摩托车市场份额的两倍、住家险的三倍。并且电视广告投入的80%花在了品牌身上，而非直接响应广告的营销上。[1]

我无意说声音份额便是撒手锏。但是，如果你已经承诺要提升品牌市场份额，却又不投入超过市场份额比例的广告，那么你要实现目标的胜算恐怕不大，我可不会下这样的赌。

 狐狸经验

如果你打算提升市场份额，那么你就应当投入比市场份额更高的声音份额。

---

[1] IPA Effectiveness Awards（Gold，2018）. *Direct Line Group: They went short. We went long.*

16 做品牌营销的人都对品牌有个误解

　　如果让我澄清误解——仅一个误解的话——那么我想谈一谈品牌营销的角色这一点。大部分我所认识的圈外人士都不太懂这一点，其实我们做市场营销的人也大多如此。

　　我们做品牌营销的人容易犯一个共同错误，那就是想当然以为品牌营销是一件奢侈的事。无论是谁最先提出了"绩效营销（performance marketing）"这个词，我认为这个人必是品牌营销天才。谁不想要绩效呢？

　　绩效营销是重中之重。打造品牌固然很重要，但我们还是需要专注于自身定下的商业目标，比如销量和顾客获取。

　　很长一段时间内，我都难以解释为何我们应该做品

牌建设的工作，大概要花多少钱，可以获得什么。每次
回答这类问题的时候都不容易，就这样跟跟跄跄地一路
走来，总是很无力地提出什么提升品牌知名度、顾客喜
爱度或考虑度这类名词。这些都是重要且有用的指标，
但它们都不是商业目标。

做品牌市场营销的人都对品牌有个误解。我懂——
这句话听起来很讽刺。麦肯锡的一篇文章里，有位首席
运营官讲到，财务总监对运营官工作最经典的认知是这
样的："市场营销的这个职位很玄乎。搞市场营销的人
能做广告，或者不管他们能做什么东西。我们还是祈祷
他们做的能带来些需求吧。"①

马克·里特森（Mark Ritson）教授总是很诙谐，他
曾经写道："太多人在负责市场营销的时候都得走进会
议室里，面对全公司的这个执行官、那个执行官，颤颤
巍巍，捏着嗓子苦言要建立品牌认知度、品牌资产。其
实并没有人会理你，除非你是——而且很大程度上必须

---

① www.mckinsey.com/business-functions/strategy-and-corporate-
finance/our-insights/why-cant-we-be-friends-five-steps-to-better-
relations-between-cfos-and-cmos.

得是董事会的人。"[①]

但不仅仅在董事会会议上才能遇到这种情形。许多做科技和产品的人士会把品牌营销写得一文不值。安东尼奥·加西亚·马丁内斯（Antonio Garcia Martinez）是科技领域内的创业者，写过《混乱的猴子》（*Chaos Monkeys*），他在书中称品牌营销的人为"钱最多也是最愚蠢的，这群做广告的人是数字媒体领域里招进来的奇葩学生……搞品牌营销的这群人，就像政客一样，拿着报酬花别人的钱。"

他说的我们都知道。因为"品牌"这个词背负着不好的形象，公司里做市场营销的团队不得不重新给自己打广告。他们把"品牌营销"这个词埋进坟墓里，转而对"声誉营销（reputation marketing）"或其他字眼进行美化，以免触犯众怒。他们这么做并非出于自愿，只是要继续有活干，这是没有办法的办法。

出现这种现象还是很不幸的，因为菲尔德和比内搜集的实证证据都表明了品牌活动能卖东西。而且卖得相

[①] www.marketingweek.com/mark-ritson-7-essential-lessons-all-new-marketers-need-to-know.

当不错。他们的研究发现，有效的品牌建立活动和更硬性的如直接响应或指标营销这种销售活动相比，是更为强劲的促销动力。[①]

的确，做品牌营销活动能比做指标营销卖出更多的产品。我懂这出乎大多数人意料，甚至搞市场营销的人也对此感到意外。很显然那些拙劣的品牌活动不能带来很多销量，但这一点放到哪儿都成立。关键是品牌营销是可以有效地卖出产品的。

除此之外，品牌营销还能招引更多的顾客，且尤其擅长说服顾客支付更高的价格。简而言之，品牌营销能够让公司提高其产品售价，并且还能让人愿意掏钱。比如，英国伦敦的法伦公司（Fallon London）就成功地为大众集团重新发布了斯柯达品牌，实现了销售目标。但或许他们最重要的商业贡献在于打破了品牌此前销量的最高纪录。

安布勒教授在其著作《市场营销和底线》中提醒我们，销量和底线之间的主要区别在于价格。营销活动能

---

① *The Long and Short of It*，by Peter Field and Les Binet，2013.

提升品牌，"因而公司能开价，并随着竞争对手的情况继续提价或维持原价。理解品牌巨头的关键不是他们在市场上的份额，而是商品的价格溢价。和经济学里的教训相异，几乎所有品牌巨头都会制订品牌溢价的商品价格。"品牌的首席执行官和高层团队通常会对利润和股东利润更感兴趣，而将更少的精力摆在销量上，这是毫无疑问的。

以"仙女洗涤剂（Fairy Liquid）"品牌为例。2014年，依靠着自身的品牌宣传活动，"仙女洗涤剂"在英国的品牌渗透率涨了四个点，升至65%。这个顾客获取量可了不得，要知道这个牌子之前的渗透率已经很高了——那一年十个家庭里超过六个家庭至少会购买一次"仙女洗涤剂"。即便原先的渗透率如此之高，他们依旧将销量提高了15%。[①]

"仙女洗涤剂"最需要担心的竞争对手是各类自主品牌。我曾经在谷歌上快速地搜索过一番，自主品牌洗涤剂的均价为50~60英镑。而"仙女洗涤剂"只卖1.27

---

① IPA Effectiveness Awards（Bronze，2014）. *Fairy Liquid: No fairy story - taking a brand well past the magic 50% share point.*

英镑。这种超低价格是品牌宣传活动预算的超值回报，他们每提高一分钱，不仅能维持原来的销量，还能直接带来利润。

因此，品牌活动是有利可图的，市场营销人士只是不太懂得如何表达而已。一种相对轻易实现的转变在于让所有从事市场活动的团队都用硬性指标说话，让他们直接用他们的领导和董事会关心的字眼说话——利润、收入、市场份额和销量。如果再有人半路拦着你，询问为什么他们要做市场活动，这时，每一个做市场营销的成员都应当先拿着硬性指标来回应对方。不要讲到什么品牌认知度，认知度是重要的，但这些指标应当在谈话的后半段再援引。

 狐狸经验

先说硬性指标。

17 品牌活动更有效

品牌活动比起强行推销或指标营销要有效得多。广告公司深谙这一点。但为什么他们做的广告会有效得多？至少有两点理由可以讲得通。第一点——不过我还是得先快速回顾一下，我们到底在比对什么。在菲尔德和比内的研究里，他们谈及了两种类型广告，分别取名为短期的销售激活活动（sales activation）和长期的品牌打造活动（long-term brand building）。[①]

如果你读过前面文章讲到的我即将要和乐购分手的消息，那你肯定知道我在搬家。趁着各种找房子的空档，我已经开始留意各类按揭广告。我并不是随意让广

---

① *The Long and Short of It*，by Peter Field and Les Binet，2013.

告飘到眼前，而是打起精神，侧耳细听广告里的报价、利率和其余促销信息。事实上，打算用于布置新家的一大片相关广告我都注意到了：各类新式厨房、建筑工队、浴室和家具的广告狂轰滥炸，还有许多其他此类广告，直叫人眼花缭乱。

菲尔德和比内会将此类广告划分为短期的销售激活活动一类。这类广告活动设计出来，是希望获得及时的反馈，而创意与信息在这一类广告活动中通常用于传递信息并起到某种作用。目的是让人看到广告后能当日立即点击、下载、致电垂询或下单。也正因如此，这类广告越简洁越好。直接提供满足顾客需求的方案，给出顾客当下做某事的理由，以及不能让顾客在做出反应时感到复杂。

如果顾客已经开始在搜索某样要买的东西了，那么短期的销售激活活动就会立马奏效；但如果顾客完全没需求，那么很大概率他们根本就不会注意到这些广告。为什么？部分原因是这些广告只在目标媒体上展示。顾客注意不到广告，只是因为广告没有投放给他们看而已，如果他们不是要买房子，就永远不会注意到网站上那些按揭横幅广告，也不会瞧见精准投放的谷歌广告。当然即便这些品牌奋身一跃，投入更宽广的大众营销渠道中，也会竭尽所能做到精准投放。假设电台播出一档和房子相关的节目，那节目间隙里一定全是各种厨房扩建啊，建筑工队啊，家具啊这些和房子相关的广告。

除了精准投放这种方式，销售激活活动还会采取创意广告的方式，但这种创意活动不太能吸引到那些不打算买房的人，或者不打算倒腾厨房的人。当然了，这是因为这些广告天生自带直接响应属性。它们（自然地）专注于那些有需求的顾客，而不是没需求的大多数人。如果你不是他们的目标顾客，他们是不会把注意力放在你身上的。我还没想找新房子的时候，就真的从来没有注意到上面讲的那些广告——即便他们之前在我眼前出现过。因此，精准投放的广告和理性强行推销信息是短期销售激活活动的两大重要特征。

那么为什么长期的品牌打造活动会更为有效呢？原因之一在于会有更多的人注意到这些广告。这些广告覆盖面广，这也是品牌宣传的最为重要的特征之一。广告覆盖率那么重要，也说明了为什么时至今日，在许多国家电视广告依然十分有效。我们在策划品牌活动的时候，有一点建议是要把目光放至整个市场——而不是我们觉得更有可能买单的顾客群，这便是长期的品牌建设活动更为有效的主要原因。

好了，由于这种大面积的广告覆盖，大多数覆盖到的人群其实对我们要卖的东西一点也不感兴趣。若近期没有买房子的打算，那么你完全不会在意什么按揭利息率。

因此，我们会把广告过滤掉。这种信息过滤瞬间就能完成，人常常不假思索便已有判断。品牌活动之所以有用，是因为他们转移重心，不是去着重描绘创意的那部分苦口婆心列举一堆理由说服你去购买，而是集中心思不让你把他们家的广告过滤掉。做市场营销的人在这一点上招数可谓五花八门。而各种招数里，最常用的要数挑动顾客情绪以期获得关注，能留下印象。这种另类的创意方式是品牌活动更为有效的原因之二。

谢天谢地，我终于找到新家了。不过，我还是想要在这里提一嘴，在找新房子的时候，我们确实还在宜家了解了厨房的装修。接下来是重点：我们在找新房子的时候，全然不觉宜家的什么短期销售激活活动，收音机里也没宣传他们品牌的厨房套餐的广告。没有网站里的横幅广告，没有电视广告在一旁不断催促，提醒我商品售完即止、欲购从速。相反，宜家早早布排好了长期的品牌打造活动，哗啦啦——钱就入袋子里了。

 狐狸经验

　　品牌打造活动更有效是因为触及了更多的人。这类广告设计出来，就是要让原本不感兴趣的人们注意到，并且记住这个品牌。

18 如何提高产品响应率

"德万，我很乐意做些品牌活动，但对我们来说，搞活动太奢侈了。当然，如果能像雷达一样，把广告辐射到那些几年之内会购买我们产品的顾客身上，那是再好不过了。但我们今天就要'吃饭'呀。所以呢，我还是更愿意把广告费投放在今天就有需求、会花钱买我们产品的顾客。这样他们一想买，就能在谷歌搜索上看见我们的品牌，我们也能立刻把货发过去给人家，整个流程下来一气呵成。"

这是一位绝顶聪明且深谙市场营销的首席执行官说的。说得很在理呀，为什么要把钱花在那些不会立刻掏钱的人身上呢？吃力不讨好。

这确实是有道理的。但再想想，如果我们总把广告这事儿拖到最后，那么，所面对的人群可从来没听说过我们的品牌。别忘了，还有一大批同行虎视眈眈呢，如果这些恼人的竞争对手恰好是知名品牌，那人家早就占得上风了。我们在搜索引擎上投放的广告或做的直接响应广告就不得不费更大的劲儿去弥补这种竞争差距。

基本上人们买东西的纠结在于："我应该买这个从未听过的新品牌呢？"还是"我应该买这个认识了几十年的老品牌呢？"

我现在就需要买一份关于新房子的保险。我保证，这真的是最后一次提到我家了。我一开始就默认了要上谷歌搜索，第一页搜索页面一眼看下来，就排除了不大熟悉的牌子。买房子可是一笔大开销，我脑子里潜意识会想着哪天发大水了，房子漂在水里，当然这也不大可能，因为房子就在山上，但还是得考虑周全。对于熟知的保险品牌，就算是不情愿，也还是会多掏一英镑以求平安。我会希望房子从山上滑下来的时候，这个品牌刚好就在身边，能拉我一把。我会希望这个品牌能支付保险索赔，而且还不费事。

我的这种行为是由一种称为"情绪启动效应

（emotional priming）"带来的。它能远在人们对某个品牌产生真正的需求以前，便在他们的脑海中创造出一种积极的品牌联想。远在人们登录谷歌搜索牌子之前就已经做好了品牌植入，如果人们在产生需求的前一刻，并未早早就对我们的品牌产生某种信任感，那么我们就会淹没在众多竞争品牌之中；而如果人们完全不知道也不信任我们的品牌，那么，无论人们在产生真实需求的前一刻我们做了多少努力，都必须加倍投入，而且还更耗成本。

我们必须很早以前便做好准备工作，广泛在人群中做好品牌预热。彼时人们需求一旦产生，他们便会注意到我们，认识我们的品牌。人们也会注意到我们的再定向广告（retargeted advertising），或者我们在谷歌或脸书上投放的广告，这时候这群人会非常容易受到触动，并做出回应。在其余一切条件相同的情况下，我们会比那些没有提前做好情绪启动的竞争对手更能打动顾客。

但是情绪启动效应是否仅仅意味着要花费一些未来可能花的钱？这种手段是否只适合那些愿意奢侈一番、愿意考虑明日再获利润的品牌？

不是的。菲尔德和我说，这是他听了无数次最为常见的误解。人人都告诉他自己等不起，他们马上就需要获得销量。但情绪启动效应远不是明年再获利这种见解，菲尔德解释道："情绪启动效应最厉害的地方在于，如果我们立刻展开短期的销售激活活动，并在过程中同时加入情绪启动效应，那么它就是有那么神奇，最终两者都能实现。"

菲尔德解释说数不尽的案例研究表明：一个只运用短期销售启动效应的品牌只能获得中等程度的成功，然而，在某个时间节点加入情绪启动效应会发现"短期销售启动的实效性激增，并且不一定是一夜之间，但过了一段时间，这个销量会突飞猛进。"

🦊 狐狸经验

要提早在人们对你的产品产生需求以前就给他们做情绪启动工作，尽管这么做不会让你第二天就卖出产品，但能大大提升你当日的产品响应率。

19 长期的品牌打造和短期的销售激活

长期的品牌打造能卖东西，并能比指标营销卖得多。这不仅仅能在他日带来销量，还能给今日的销售激活活动增添光环，以促进响应率。

那么，为什么那些首席执行官和董事长并没有向自己的团队提出要求一步步开展品牌打造活动呢？这种现象的产生似乎在于人们是用多长的时间维度来评估广告效果，这便是造成大量困惑与苦恼的根源。

比方说，我们要同时发布一项短期的销售激活活动和品牌打造活动，前者一经发布，销量便很快上涨且暴涨。团队击掌相庆，会经常到总裁办公室外走动，手里还拿着业绩单。

与此同时，新品牌打造活动这边的成绩则显得惨淡，销量并未如愿激增。如果我们把两项广告活动放到一起一项项比对，最终会得出结论：销售激活广告效果更佳。而且，说句公道话，在短时间内，销售激活广告的确有效果。拿着手上这份业绩单，我们甚至还能砍掉品牌打造活动，把这笔预算都投在短期的广告活动里。

但这么做未免草率。菲尔德和比内的发现表明，品牌打造活动的成效在一开始会相对微弱，但放在更长的时间段来看，就会有效得多。我就此向菲尔德请教时，他解释说"如果你只看短期的成功，那么你得出来的结果和你看长期的结果会截然相反，有一个曲线最顶端的拐点划分长短期，大约是六个月的时间。"

这么说，危险在于我们仅仅依赖广告所带来的即时销量，来决定自己是否做出了正确的决定。而如果没有很好地理解这些研究，我们有可能损失了大量的销量。问题很明显——我们能否同时开展两种广告活动？既做可以刺激及时销量的市场营销活动和广告也打造能带来长期销量增长的品牌。如果这么做有用的话，那就无需争执了。

　　我在做市场的时候试过几次——我想大多数做市场的人都有过这种经历。我们称为"品牌表现（brand performance）"，或者其他类似的叫法，总之，能让我们壮着胆子同时开展两项广告活动的只有一点点情感牌和一点点硬销售。

　　菲尔德建议我不要这么做。他强调销售激活活动是必要的成分，而且对于促进短期销量表现而言效果绝佳，但绝不能因此将其视作一种用于推动长期销量的手段。他跟我说"要想做一个广告活动，既要人们立刻掏钱，又要打造品牌，那几乎是不可能的，因为两种活动要传达的信息的性质完全不同。"

　　菲尔德早期的一些研究支持了这种说法。里面用"说服（Persuasion）"这个词来表明一种影响模型，描述那些理性或逻辑性占多数、感性占少数的广告。在市场营销圈子里，说服是一个非常受捧的影响模型。

　　但是说服模型并不能带来太大的利润。据研究报告显示，只有13%的此类型广告活动对利润产生了重大影响。或许，问题在于，我们想要在同一条广告信息里同时传达两种迥异的东西。结果呢，打感情牌的那一块看起来很假，因为它一边煽情，一边还刻意经营着理性计算得出的销量。[①]

别忘了，拦着广告不可一心二用的不仅仅是广告的创意内容，还有媒体定位（media targeting）。成功的销售激活依赖精准定位。因此，再定向广告会把广告重新投放给此前表示过感兴趣的人，并推送相关的谷歌广告，这就是短期广告奏效的原因。但这却背离了长期品牌增长之路，因为长期品牌需要的是扩大受众面，这两种广告采用的策略全然不同，选择的投放媒介也不同。这真相挺不幸的，菲尔德如是对我说，"我们为了达到短期效果所做的事情，是无益于长期效果的，反之亦然。"

实践中我们能做的是在两者之间取得平衡。菲尔德与我就此展开了广泛的讨论。他与比内因提出关于平衡的理论而成名，他们并不建议公司去掉短期的销售激活广告。他们提出60/40是多数会采用的经验比率，也就是提议市场营销人士应当分配约60%的市场预算用于长

[①] *Marketing in the Era of Accountability*，by Peter Field and Les Binet, 2008.

期的品牌打造，而另外约40%的预算用于短期的销售激活广告。

这个比率是经验法则，但不是固定不变的。实际上，两位学者近期发表的新研究对这个数值的提法更模糊了。比如，对于那些能轻易实现激活类型销售的品牌而言，应当分配更多的预算给品牌建议。假如你的销售类别是那种依靠大量线上销售的，或采取了订阅模式，那么要推动品牌打造就相对容易些。如果这说的就是你的情况，那么两位学者的建议是提高你在长期品牌打造这一块的预算比率。如果反过来说，你现在的产品在打造品牌上相对轻松，花得较少，那么就建议提高你的短期销售激活广告。

这条建议非常切实有效，你完全可以以此为依据来调整自己的广告投入比例。我自己之前也试过，效果还不错。把你的广告预算拆分成两部分，一部分是长期的品牌打造，另一部分是短期的销售激活，然后让大家都明白两者的不同之处以及为何不同。两种广告活动的目标不同，媒体投放方案不同，创意内容不同，衡量的标准也不同。

千万不要卷入到理论层面的辩论，争辩孰优孰劣，因为这不是重点。许多成功的企业都会采用两种广告方式，并且在两者之间保持平衡。即便你的公司现在严重依赖短期的销售激活广告，至少你也应当清楚自己在这方面投入的比率是多少。你需要心里有个数，这样下次在聊天或争取部门预算的时候，你就能清楚地讲明白在接下来一两年的时间里，你需要拿多少钱，达到一个什么样的广告投放比率。

 狐狸经验

把你的广告预算拆分成两部分，一部分是长期的品牌打造，另一部分是短期的销售激活。

20 我们脑子里想的那样

　　最终我们关心的是市场营销活动如何影响一些重要的方面，如市场份额、收益和收益率这些硬指标。

　　但这些比较硬性的指标发挥作用是很慢的。如果单看前几个月里的广告活动，我们并不太清楚它们是不是真的在起作用。也许我们定了一个目标，要把市场份额提高两到三个点——但这个结果不会立刻显现出来。

　　长期内奏效的广告放在短期内则不会，如果这个说法成立，那么我们如何得知刚刚展开的广告活动就是有效的呢？我们刚刚所做的决定，真的是好的吗？能够在接下来几个月内的某个时间节点开始获得回报吗？还是说我们手里拿的都是些不中用的招数，得严肃干预才行？

　　我们最终要看的是什么指标？当然，你会说销量，但是即时的销量或许只反映出冰山一角，常常在真正的活动结束很久以后广告才开始带来顾客。例如，一份研究表明：在电视广告带来顾客的单子里，45%是在广告过后两年才换来的。[①]

有一种衡量的方式是测算你的品牌资产活动。如果你的行业是快消品，那么测算起来还是很明显的，但如果你不是这个行业的，那么要谈论品牌资产就会有点含糊其词了，部分原因在于你的同事也许并不太相信这个衡量标准会有什么分量。

市场营销实效性专家弗兰·卡西迪（Fran Cassidy）在采访了企业里的高级执行官后就发现了这种现象。正如一名执行官对她说："我是做财务的，我喜欢确定。市场营销看的是——我不太记得那个名词了——大概和品牌资产相关的一个数。如果我摊开来讲，从财务的角度来看，我不太看重那些软性的指标——品牌资产这类的指标。"[②]

---

① *Marketing in the Era of Accountability*，by Peter Field and Les Binet，2008.

② *Culture First–How Marketing Effectiveness Works in Practice*，by Fran Cassidy，2017. effworks.co.uk/wp-content/uploads/2017/10/ Culture-First-Final.

资产这个词会把某些市场营销人士挡在门外。我们一想到品牌资产，就默认了这场有关品牌是什么的谈话是以财务类术语为基础的。而又因这种资产评估很主观，人们不免心生怀疑。尤其是我们财务部门的同事，他们可是资产评估的专家，但我指的并不是财务意义上的品牌资产评估。

要理解品牌资产，关键在于认识到记忆在市场营销和广告中的角色。夏普教授提醒我们："大多数广告都必须通过记忆进行。"[①]

当然也有例外，比方说市场营销和直接响应广告。通常来说，我们在看到某个产品的广告和购买那个产品之间是有空档的，可能几小时、几天或几个月。如果广告的目的是要影响人们未来购买某个产品的决定，那么它要么需要创造新的记忆，要么需要激活原有的记忆。正如百比赫广告公司（Bartle Bogle Hegarty，BBH）规划师托马斯·瓦格纳（Thomas Wagner）曾告诉过我的那样，"我觉得我们的产业还是太执迷于强硬的销售手段了，但

---

① *Marketing: Theory, Evidence, Practice*, by Byron Sharp, 2013.

在现实中，我们是靠概率和记忆做生意的。"

因此，我们在估算市场营销活动进程的时候，既想衡量最终的销量，也希望衡量任何可能改变人们记忆的东西。这些估算活动就是我们品牌资产会发生的改变。我最喜欢的一个定义取自安布勒教授的说法，教授把品牌资产描述成"我们脑子里想的那样"。[①]

如果我们的品牌资产增长了，那么过后我们的生意就应当随之做大；如果品牌资产缩减，那也会对生意造成不良影响。广告营销活动做了一段时间后，销量有可能会提升，但如果你的品牌资产在这段时间内萎缩了，那这个销量就不会比应有的多。也就是说，你得到的过往一小部分销量，是以未来应该拥有的更大销量为代价的。

实事求是地说，我们要怎么衡量品牌资产呢？似乎没有单一的衡量标准能够靠谱地预测品牌的商业健康状况。西蒙·布罗德本特（Simon Broadbent）曾说过，评估的艺术就像是"不同的聚光灯从不同角度打在了同一座雕塑上——你照得越多，你看到的那个东西就越清晰。"

----

① *Marketing and the Bottom Line*，by Tim Ambler，2003.

　　我们所使用的某些衡量标准会因自身产品类别和策略而改变。我现在和一个市场团队在做品牌资产的平衡计分卡项目。我们所使用的标准包括了渗透率、忠诚度、顾客满意度以及好几项衡量品牌知名度的指标和品牌考虑度，除此之外我们还采用了品牌态度、品牌联想和品牌认知这几项标准。

　　并不是说所以衡量标准都同等重要。要确认那几项标准能够预测增长，哪几个是促进增长的动力，这是比较困难的部分。在财务领域里常常认为品牌考虑是很重要的。比如，英国的巴克莱银行（Barclays）估计自身品牌考虑度上发生一个点的变化，相当于约2000万英镑的收入。同时他们也清楚信任是促进品牌考虑度的一个关键要素。[①]

 狐狸经验

　　打造一篮子品牌资产评估标准。

---

① IPA Effectiveness Awards（Silver, 2018）. *Barclays: Purpose pays*.

21 什么是品牌特征

　　还有一项衡量指标值得深入讨论，那便是品牌特征（brand salience）。大多数专家认为这个指标很重要，尽管他们在定义上有细微差别。那么，什么是品牌特征？

　　品牌特征和品牌知名度不一样。某个品牌的知名度或许很高，但出于各种原因，人们在购买这类产品的时候，对它的品牌特征却不甚了解。

　　大体上和品牌资产一样，要理解品牌特征，记忆的作用是关键。我们有需求了，就会去购买某些品牌的产品，这种需求是由一个提示或多种提示的组合唤起的。如果这种提示出现了，人们就能立刻想到我们的品牌，那么，很有可能他们最终买的也是我们的品牌。南澳大学商学院营销研究中心的罗曼纽克教授是这么描述心智显著性（mental availability）^①或品牌特征的，"在更多的购买场景下，人们会更多地注意到某个品牌，或想起某个品牌。"^②

衡量这一点的一个有效方法是南澳大学商学院营销研究中心称之为类别进入点（Category Entry Points）的研究技术。这些进入点代表的是人们每天都能遇到的提醒自己购买该类别商品的提示，我发现这种操作非常实际。

我将带你看看一个运用了类别进入点的例子。去年我在英国给一个宠物食品品牌做项目。当时，我们通过定性访谈的方法收集了一个列表，上面罗列了有可能提醒人们购买狗粮的提示。我们又通过定量研究的方法，大致了解了哪些提示更受欢迎，而哪些品牌与这些提示的联系更为密切。

有些宠物狗主人在买狗粮的时候，想的是要给自己

---

① 宝洁博朗&创新投资&消费者洞察部总裁何亚彬Yabin在国内教授拜伦·夏普教授的品牌增长理论，他在公开场合解释"mental availability"时说的是"想得起"和"萦绕于心"。——译者注

② *Building Distinctive Brand Assets*，by Jenni Romaniuk，2018.

狗狗买健康的食物。在一项网络调查上，我列出了许多宠物食品品牌，并调查宠物狗主人："哪些品牌的狗粮质量高？"这仅仅是一个提示而已。还有好多其他的提示。比如，"你家狗狗生病时，会选用哪些品牌？""哪些品牌提供健康的食物？"或者甚至会问到"哪些品牌的狗粮既健康又美味？"

那么，我们的目标是想知道更多的提示和购买场景。这一点很重要，提示里你的品牌特征越突出，提示与你品牌之间建立的记忆联系就越紧密，人们就越有可能想起你们的品牌。当然也正如你所想的那样，并非所有的提示都同等重要。例如，相对于美味这个品牌特征，更多人会考虑健康的狗粮，因此，会有更多人愿意购买健康特征突出的品牌，当然只要人们能买得到，而且容易买得到。

这里谈论的大多是人们"为何购买"这类的提示，但还有其他一些提示，一种探讨人们"何时购买"的提示。比如，每周我要买东西了，可能想到要买狗粮或者说我喂狗的时候会想起来。一位狗主人告诉过我，她每周六晚上给自己人买食物的时候，都会额外给狗狗买吃的，因为她觉得有些愧疚，狗狗们都可会让人心疼了。

保罗·费尔德维克（Paul Feldwick）是广告界里的大思想家。他的书《那么，到底什么是品牌特征?》（*What is Brand Equity，Anyway?*）影响了我对广告的很多看法，可以说这种影响超过了其他任何人。我曾向他请教过品牌特征，他会给品牌特征做评级，他给我解释说特征很重要——两个方面：一个是更为精确的如夏普在《非传统营销》里所定义的"心智显著性"；另一个则是稍微不那么精确但或许更为准确的"名气"。杰里米·布尔莫（Jeremy Bullmore）曾写道："成功的品牌唯一的共通点便是拥有一种名气。"我是赞同这种观点的：很多人都知道这个品牌，还经常想起这个品牌，那这个品牌就是名气大。

 狐狸经验

在你的测算指标里用上品牌特征。

22 创意营销

这么说吧，试想一下，你我同时给同一款品牌发布同一场广告活动。假如我们各方面最终决定都一模一样，包括目标受众、发布时间、现场布置、媒体渠道、预算分配和媒体权重。

一切都一样，除了一点——创意内容。如果你的广告创意十足，而我的想法毫无新意，那你的广告带来的利润有可能比我的高出1000%。[①]是的，1000%。我们打广告的时候要在很多方面下功夫，而创意内容这一方面对最终的影响确实是最为广泛的。

有一人深谙这点，他就是保罗·戴森（Paul Dyson）。

_____

① *Top 10 drivers of advertising profitability*，by Paul Dyson. *Admap*，2014.

保罗·戴森在20世纪90年代参与了华通明略（Millward Brown's）的关联测试（Link Test）开发，这项技术就品牌、享受、注意力、说服以及其他因素进行相关分析。随后，他成立了咨询公司（Data2Decisions），发表众多文章，讨论哪些是最能影响我们广告利润的因素。

戴森做了大量的变量测试，我在采访他的时候，他解释说创意内容本身是第二大影响广告利润的动力。对于内容本身，你在电视广告档时间一旦改变定位，就有可能造成10%的利润变动。对比一下这个变动的可能性，如果你能提升创意内容，就有可能带来1000%的利润提升。

还有很多研究证明了这点说法。美国有一项研究，莱斯莉·伍德（Leslie Wood）从5000个家庭里收集了数百个电视广告数据，分析后她发现"和那些表现平平的广告比起来，打动人的广告能产生巨大的效应，效果有时候会大10倍或20倍。"[1]

---

[1] *Short-Term Effects of Advertising: Some Well-Established Empirical Law-Like Patterns*, by Leslie Wood. *Journal of Advertising Research*, June 2009.

菲尔德也有类似的研究，他发现那些创意内容更高超的广告要比那些表现一般的同类广告产生高出8倍的商业价值，并且带来重大利润增长的可能性要高出16倍。我还与系统1公司（System 1）的奥兰多·伍德（Orlando Wood）聊过，他们公司做的是创意影响研究。例如，他计算过英国谷类食品中，广告做得好的品牌和做得较差的相比，每年销量差高达3300万英镑。[①]

即便创意广告如此重要，而且影响辐射之广，包括影响了广告最终的有效性与否，你可能觉得客户在做生意的时候会把广告当作头等大事；你还可能觉得这么多年下来，人们应该会细心打理广告这一块，热切地测量各种案例数据，精益求精，不管是成功的案例还是失败的经验，都会认真收集好数据，细细研究，好好把握这个能带来无限商机的因素。然而事实却不是这样的，人们并没有这么做。

卡西迪跟我说，即便是在广告实效性领域，多数人的关注点都是在各种传播"管道"上，诸如各种传播渠

[①] *Selling Creativity Short*，by Peter Field，2015.

道、工具和平台。似乎人们不再关注传播内容本身的
质量。

我有一位朋友，他同事把创意内容叫"文件"或
"资产"，他都疯了。似乎大家都对文件是什么无甚在
意，人们只是需要这些东西以不同的形式出现在各大渠
道上而已。类似地，在另一家公司，我的一位同事就曾
在内部传阅过一份报告，这份报告陈述的是他们正经手
的社交媒体广告项目。全文只字不提广告，亦无广告链
接，甚至连成本报价单里都没有出现。她根本就没意识
到这份陈述报告里应该把广告包含进去。对她而言，这
份报告仅仅是一叠纸而已。

清楚创意广告重要是一回事，但一旦想要试着弄清
楚有效的创意广告是什么，头就大了。商业世界充满理
智与逻辑，人人都是数字专家，一旦要用数据评估创意
广告的时候，我们就不那么自在和自信了。我们不知道
用什么字眼去描述。

就算你本身对创意广告很感兴趣，你也得十分注
意，千万不要总把这个词挂在嘴边。如果你真的想做出
一番事业，在广告部门里出人头地，也千万不要留下机

会让别人把你看成"搞创意的"一分子。这个标签言外之意是"一点也不商业""软塌塌"以及"不盯着销量看"。

就连真正在创意广告里投资的品牌，又有多少广告公司能留得住用于广告部门发展的钱呢？创意内容质量好，是可以改变游戏规则的，但现实里如果把所有的会议、展示、销售以及财务管理都掰开，你会发现在总共花费的时间里，创意发展分配的是很小的一部分。创意部的手足都榨干了，他们没法深入打磨细节——这意味着他们一天内要赶好几项任务。

当然并非所有时候都如此。多年来，我一直和一家名为KV13的小型创意公司合作，这家公司由约恩·奥布莱恩（Eoin O'Brien）和帕迪·杰拉蒂（Paddy Geraghty）这两位创意人士创立，他俩都深具创意，十分聪颖，测量时一丝不苟，希望弄清楚到底哪些才是广告里有影响力的因素。和所有机构一样，测量也包括了创意内容在市场内的表现。

但或许他们之所以如此独特，是因为他们同样要测量公司在创意发展上直接投入的时数占总时数的百分比以及直接投入的预算，并不断追踪数据，最后形成报告。这里面或许包括创意生成、剧本创作、故事板、视觉处理以及广告制作，令人印象深刻的是这么一个数据——我们支付的80%资金都流向了创意发展。

从我的经验来看，这或许是行业均值的四倍，他们把一切可能压榨创意发展时间的事情都砍掉了。

 狐狸经验

把钱投到创意上去吧，你的广告做的是赔本生意呢还是赚的呢，很可能就差在这点上了。

23 我的叙事谬误

　　优质创意内容的实效性比劣质的广告内容实效性高1000%。紧接着，问题在于我们如何评判创意内容是优质的呢？不好意思，确实有一些规则能拿来评判。

　　或许有一条是大多数专家都一致同意的，那就是：一条广告要有效，必须使人们能注意到品牌。如果人们在广告里注意不到我们的品牌，那么品牌就不大可能在他们的脑海里留下印象。或许这一点看起来显而易见，但一份研究表明只有16%的广告能同时让人想起品牌，并且还能对上号。[①]

[①] bbh-labs.com/most-marketing-is-bad-because-it-ignores-the-most-basic-data.

我在访问百比赫广告公司的规划师瓦格纳的时候，他这么跟我说，搞市场的人犯的最大错误在于不知道"广告最基本的目标和头号目标——即让更可能多的人注意到品牌，并且记住它。"

要让人们注意到你的品牌并非易事。所发布的广告不仅仅要和其他广告竞争，还要和一切能吸引人注意力的东西竞争。我们尤其擅长把那些不值得我们关注的东西筛选掉，这其中便包括广告。

罗曼纽克推荐了三种技巧，以提升人们能回想起我们电视广告的概率。

1. 早些告诉人们品牌是什么；

2. 品牌在30秒内至少视觉上出现四次；

3. 至少口头上把品牌名字说一遍。

这些听起来都挺符合逻辑，也简单明了。但等一下，还有那些并没有这么做但是名气很大的广告呢？

那些最后才把品牌名字点出来的广告，我想听听罗曼纽克对这点的看法。

罗曼纽克对那些在最后几秒才把品牌的庐山真面目揭出来的电视广告的实效性表示怀疑。她跟我说，她

"没有看到什么证据，能证明一个时长30秒的广告里最后三秒中才出现品牌名字能有什么好效果。"

那如果品牌投更多的钱呢？恐怕也无济于事，她如是说，"花再多的钱，也只是重复播放同一个没有很好地把品牌宣传出来的广告而已，这可是把好端端的一笔钱浪费在不恰当的广告上了呀。我从没见过有什么证据表明砸钱能弥补糟糕的品牌执行的。"

那这下可戳到我了——用他们的话说，某种认知失调。我们此前给48这个品牌发布的广告活动高度成功（第12章提到），但当时的品牌却做得很烂。我们是在最后三秒内才说出牌子的名字的，但照样还是成功了呀。

罗曼纽克肯定是错了，肯定的。一个广告业内受人尊敬的品牌权威人士，一位热衷于经验证据的教授，是错的——而我是对的？我把当年的数据重新挖了出来，那是八年前的数据了，但大部分我还保留着。这一次，我采取了另一种方式来对待这些数据。在八年前，品牌发布后要做后续宣传营销（post-launch），我要找一些数据来证明广告大获成功，当时可谓是一抓一大把。

而这一次，我要找的是美中不足的地方，当然了，我找出了不少漏洞，足以质疑当时我认为是带来成功的原因。

我们那时的品牌知名度得分很高，这是千真万确。但是，由于我们成功运用了稀缺性的策略，品牌自己就疯狂地火了起来，甚至是在广告发布之前就火起来了。很有可能当时我们的电视广告根本没必要再挑这个担子，因为品牌早已出名了。一种还解释得通的说法是当时品牌早已讨论得非常热烈，广告仅仅是在这群年轻人中锦上添花罢了。

另外，48是一个全新的品牌，意味着我们当年取得的惊人业绩是没有可对比的对象的。讲真，我们的顾客是从零到有，我们在谈论广告的实效性的时候，常常以二分法的角度对待。我们往往会问这个广告成不成功，但是实际上呢，在衡量成功的计量表上是有很多余地的，不是绝对100%的成功或零。所有的广告营销活动多多少少都会带来一些效果，单是在电视上出现都会带来效果，但这是否意味着这个广告就是有效的策略呢？

　　这里存在一个有意思的点。48品牌是在八年前发布的，次年，我就开始学习罗曼纽克的研究和书籍，并赞助了南澳大学商学院营销研究中心。尽管如此，我还是在多年后犯了相同的品牌错误，我的广告活动做得很糟糕。只不过这一次，广告失败了。

　　这就是我在这本书开头就讲到的叙事谬误，我们就是这么让一些充满瑕疵的过往经历塑造了自身对世界的认知与对未来的期待。

　　具体地说，我的叙事谬误大概是这样的。"这个证据对大多数广告奏效，但并不一定对那些互动性很强的广告奏效。如果我们的广告互动性极强，而且很抓人眼球，我们就没必要大费功夫在品牌宣传上，也能吸引人们一直看到最后。"

　　我以后还会这么做吗？有些很聪明且懂得多的市场营销人士曾经告诉我，他们做过一些非常有效的广告，而且并没有那么强调品牌。有些创意人士特别痛恨我刚刚提到的那三条技巧，他们觉得这些都是限制。有一位同仁称之为"用数字画画"，但对我而言，这可是在下注。如果有人找我来做广告，是想帮他们实现品牌销量增长的，那我可不会冒险去做一个品牌宣传得不好的广告——不管这个广告本身互动性多强、有多么吸引人。

狐狸经验

如果人们记不住品牌，那么这个广告就废了。

 **24 娱乐营销**

　　格雷厄姆·达尔德里（Graham Daldry）在英国眼镜公司"视救者"（Specsavers）就任创意总监的第一周内，就被叫到市场总裁办公室，听取品牌广告要遵守的规则。其中一条就是"不要幽默"。[①]

　　这种现场并不罕见，我给许多品牌做过事，他们都有这种不要幽默的规矩。因为公司是严肃正经的品牌，而且董事会也希望人们这么看待自己。菲利普·格雷夫斯（Philip Graves）写过，苹果公司著名的"1984"广告一提出就被否掉，因为董事会觉得广告没有"展现出他们认知里公司及其产品应有的严肃性"。[②]

────────────

① www.thinkbox.tv/case-studies/brand-films/specsavers.

② *Consumer.ology*，by Philip Graves，2010.

那么，为什么要冒险采取幽默的手法呢？嗯……因为这样产品能卖得更多呀。多项研究表明了真正幽默的电视广告和促进销量之间有非常紧密的联系。一份研究调查了100多个电视广告，涵盖20个品牌和一些国家。这份研究显示，30%不包含幽默成分的广告是成功的，而61%尝试传达幽默的广告也是成功的，而且越幽默越好，能让人从头大声笑到尾的广告很可能会让商品卖得更多。①

费尔德维克认为广告世界已经与大众文化脱离了。我在向他请教幽默的时候，他是这么解释的："这种潜移默化的迷思是有害的，但大家偏偏都普遍认为'人们不会从小丑那儿买东西'。几个世纪下来，从中世纪的街头小贩，到巡回医药秀（*travelling medicine show*），或凯莉·詹娜（Kylie Jenner）卖化妆品，聪明的人突然开窍了，其实我们是喜欢从表演娱乐的

---

① *What Makes a Television Commercial Sell? Using Biometrics to Identify Successful Ads: Demonstrating Neuromeasures' Potential on 100 Mars Brand Ads with Single-Source Data*, by Steven Bellman, Magda Nenycz-Thiel, Rachel Kennedy and Laurent Larguinat. *Journal of Advertising Research*, 2017.

人那儿买东西的，而且喜欢把这种娱乐作为掏钱的前奏。"

打个比方，费尔德维克分享了荷兰的一家保险公司（Centraal Beheer）的一些绝妙的广告。一般没有什么公司会比保险公司更严肃的了，但这些广告观看体验舒适，令人捧腹大笑——而且广告效应特别好。

"视救者"公司的达尔德里几乎是一听到这条不要幽默的规则，就立马转身无视。紧接着，公司推出的是三十年极富娱乐效果的广告，让人享受非凡，最终极大程度地提升了销量，并且将这个品牌打造成了一个知名眼镜品牌，与此同时，公司的广告在这段时间内创造了110亿英镑的增量利润。

但你也许有所不知，在这波高端操作期间，他们家有一阵子为了展开一些更为正经严肃的任务，而放弃了一些有趣的广告。他们这么做是因为担心人们觉得品牌品质不够上乘，可他们刚察觉各项衡量指标开始有不妙的势头，就迅速回到高度娱乐的路子，比如《早该选择视救者》（Should've gone to Specsavers）的那则广告。

不要幽默，可以理解，但我觉得人们经常误解了幽默。我并非建议你家的品牌非得要幽默，不过我建议的是在你因拒绝幽默而丢失销量之前，或许可以开放选择试试看。

幽默分很多层次，我们能以不同的方式运用幽默。有一则广告就运用了闹剧的形式，与别家运用双关或风趣的方式不太一样，荒诞风和古怪风也不一样。《经济学人》杂志（The Economist）是一款严肃的高端品牌，但它的风格带有一丝幽默。或许你还记得它在20世纪80年代著名的广告海报，版面很简洁地写着："'我从未读过《经济学人》'——管理实习生，42岁。"

或许你还会惊讶地发现，到了2019年，英国网飞（Netflix）平台上最受欢迎的电视剧依旧是《老友记》（Friends）。网飞平台的付费用户能立即观看成千上万部新出内容，以及各种获奖和原创内容。但是，人们依旧选择了一部火了几十年的剧，而且这部剧在许多电视台是免费节目。为什么？

我猜想部分原因是人们不愿意动脑筋。每天我们好不容易摆脱拥挤的公交通勤回到家里，我们要把宝贵的时间花在家人身上，要吃东西、看着孩子上床睡觉、打开手机处理工作邮件、倒垃圾，最后终于有空倒在沙发里打开电视机，这个时候如果要再看烧脑的剧，可是一点精力也不剩了。这时候，我们更可能看《老友记》。

如果人们都不愿意把宝贵的精力放在那些获了奖的电视节目上，那么怎么可能还会看那些严肃的广告呢？我们是否对人们要求过高了，奢望他们会认真思考我们要说的话？还是我们的表达过于严肃了？最好的做法或许是试一下让我们的观众发笑。克劳德·霍普金斯（Claude Hopkins）说得很对，但或许100年前，他写下那句"人们不会从小丑那儿买东西"的时候，还是想错了。①

 狐狸经验 ————————————————

娱乐是严肃的策略。

——————————

① *Scientific Advertising*，by Claude C. Hopkins，1923.

25 名声
不仅仅是一种策略选择

英国的《伦敦标准晚报》(*Evening Standard*)曾刊登了一个占四分之一版面的广告，小小的广告上写着这么一行标题："我希望儿子得癌症"。标题下方是一张照片，一位父亲怀里抱着儿子，面容慈爱，呵护着他。如此粗暴惊人的标题和这位慈爱、体贴而忧心忡忡的父亲形象形成了强烈的对比。[①]

这是一则哈里森基金会刊登的广告，该基金会以一个患有杜兴肌肉营养不良(Duchenne Muscular Dystrophy)的六岁男童哈里森·史密斯(Harrison Smith)命名。继续往下读广告，我们就会了解到哈里

[①] www.theguardian.com/voluntary-sector-network/2014/aug/11/wish-my-son-had-cancer-shock-tactics-charity-advertising-campaign.

森长到20岁之前可能会因病离世，并且"和癌症不一样，这个病没有医治的方法。另外，因为您从未听说过这个病，所以相应的捐款也不多。"

人们看到这则广告的反应先是惊讶、震惊与关心，随之是同情。我曾问过哈里森的父亲亚历克斯（Alex），他解释说"计划是让人们对这件事展开讨论，第一，要让人们感到震惊，想要和朋友聊这事儿，互相讨论；第二，分享出去；第三，要引人入胜，能在广播媒体上传播开来。"

广告最终奏效了，引来了高达65000英镑的募捐，而这全来自一个小小的插入广告——由《伦敦标准晚报》捐赠的免费板块。名声的双重效益再次显现，人人都在谈论这则广告，不仅网络上传开来了，连远在巴西的报纸也将这则广告登上了新闻头条。英国独立电视台（ITV）和英国广播公司（BBC）邀请亚历克斯上镜。像英国巴克莱资本（Barclays Capital）这类大企业也承诺提供支持，他们的网站访问量增加了17000%，社交平台的访问量增加了80%。

摩根和巴登曾写道："有无数的方式能让我们不出

一分预算，就能实现与观众的沟通，只要我们对想要做的事情保持澄澈。"[①]亚历克斯是清楚这点的。他公开对比了哈里森的患病挑战和癌症的挑战，打破了一条募捐里不成文的规定：不与其他慈善事业竞争。他因此在网上遭受诋毁，有人留言他不配有孩子。

做慈善的都是良善公民，他们必须表现得体。他们通常依靠企业的捐赠、他人的恩惠、社团组织和媒体完成对他人的资助。他们彬彬有礼。这一些都没问题，只要他们形象维持好，他们这么做人们是接受的，但亚历克斯最看重的不一样——他最重要的是自己的儿子。没人听说过杜兴肌肉营养不良，他那六岁的儿子患了这种病，却没有已知的治疗方案，并且他还负担不起医药费。

这可算不得标题党。他和我解释："标题的表达是基于诚实和真相，我心里就是这么想的。团队在帮我想标题的时候，我嘴里冒出来的就是这么几个字。如果你够胆大声说出这几个字，又为什么不敢把这几个字直接

---

① *A Beautiful Constraint*，by Adam Morgan and Mark Barden，2015.

放在《伦敦标准晚报》上呢?"亚历克斯经历此事后,迅速认识到,要想得到人们强烈的回应,你必须有十足的勇气。

亚历克斯是一名经验老到的市场营销人士,深谙品牌与宣传,发现这一点后,我一点都不意外,而且这次广告并不是一次性的。他继续拓宽界限,打造了下一则广告——这一次是关于狗的慈善项目。

亚历克斯很聪明地用了一些实验,展现了相比于帮助杜兴肌肉营养不良患者而言,大众对捐钱帮助动物更有动力。这次的广告也取得了类似的瞩目——再一次获得了新闻报纸的头条报道、公众的注意力以及来自世界各地的捐款。这次的募捐超过了10万英镑,这对于一则免费的新闻广告而言,算是一笔可观的回馈了。

我们要打造名气广告,并不一定非得花大预算,但我们必须要做到其他竞争对手做不到的事。这一点在亚历克斯的第二次广告词中表现得淋漓尽致——"如果您觉得被骗了,很抱歉,但是我的儿子离死亡越来越近,为了救他我会不顾一切。"

狐狸经验

对大品牌和广告商而言，名声不仅仅是一种策略选择。

26 偶尔也得放手一搏

名声是一张好牌，但在市场营销领域里并不常用，只有9%的英国广告从业者协会实效奖是以名声为导向的。[①]我猜想在没有得奖的广告案例中，平均值要远小于这个数。

至于原因，菲尔德是这么跟我说的："很不幸，生活里就是有墨菲定律（sod's law）在起作用，事与愿违，往往最有实效且最成功的策略和路子，也是最难突围并取得成功的。"

失败的名声广告案例远比成功的要多得多。但一旦你的名声广告大获成功，回报也是巨大的。菲尔德一如

---

① *Marketing in the Era of Accountability*，by Peter Field and Les Binet，2008.

既往就此给出了一条可操作的意见："或许在通往成功的道路上，摔过几次跟头，吃过几次亏，你会越走越顺，直到最终获得成功。"

贝索斯也看好这种态度。他认为亚马逊是世界上试验失败的最佳场所。他自1997年起便不断宣扬这一点，在他第一封亚马逊年度致股东信中，便如是写道："致全体股东：诸君须得实验，若事前了然必胜，非实验矣。"

当时，他还写道："即便百次巨款倾注只换得十次胜利，亦当维持下注，并了然十有八九回报无望。"据斯科特·加洛韦（Scott Galloway）教授的说法，亚马逊本质上是定期"打一次全垒"，放手一搏。[①]

好莱坞的人都清楚这种操作。安妮塔·埃尔伯斯（Anita Elberse）教授在她的书《爆款》（*Blockbusters*）中写到了娱乐产业是怎么做决定的。她概述了艾伦·霍恩（Alan Horn）在加入华特迪士尼影视制作公司之前如何在华纳兄弟的总裁位子上工作。他在华纳期间获得

---

① *The Four*, by Scott Galloway, 2017.

了一连串成功，包括《霍比特人》、哈利·波特系列以及蝙蝠侠黑暗骑士三部曲。有人问到他觉得自己和团队做过哪些错误的决定，他指出了《极速赛车手》这部电影，他说2008年在做这部电影的时候，消耗的资金超过了所有其他电影的底线。

但霍恩却并未因此而感到后悔，他说："这部电影也有可能成为历史上最新颖的电影。你总得冒险嘛。"他又说道："你得明白，哪天有个人就这么走进皮克斯的办公室，跟你说他们有个点子，一个80岁的老头儿和一个10岁的小孩儿飞起来了，一个气球带着屋子连人一起飞起来。你在上边儿能看见人走来走去，不过他们还是做到了呀，巨大的成功啊。"

或许和名声广告相对的是信息广告——理性地销售，而不采取任何和感性沾边的方式打动观众。这种广告方式相对而言更简单，在公司内部也更容易获得支持并不大容易搞砸。但是，这种广告在商业上的影响也往往相对更小些。所以说，你是在用潜在的胜算换取了更多的确定性。

我们能从风险理论光谱图这种角度来考虑一下不同

的广告形式。你愿意为这则广告承担多大的风险？可能有时你选了做名声广告就是错的。如果你的情况紧急，没有退路，所有的广告指标都投错了方向，同时大老板还天天追着你要做决定了——你可能就不愿意挥棒打球，结果还没打中。这或许解释了为什么信息广告很受欢迎。这种广告形式不会让公司实现什么大的飞跃，不过至少我们也不大可能被开除了，这就是所谓的防御性决策（defensive decision-making）。[1]

我曾经做过两次名声广告：一次成功了，一次失败了。失败的那次是因为我没有提前告知同事，名声广告是风险与回报之间的权衡。低风险，低回报；高风险，高回报。

菲尔德提醒我说"财务总监的那帮人对风险尤其反感。但你还是得一直提醒他们，风险虽有，但同时伴随着的还有巨大的回报，这就是挑战啊。"所以说如果你清楚自己承担得起的失败成本，那最好能放手一搏。如果你对自己的团队信心十足，大老板也对你有信心，那

---

[1] *Risk Savvy: How to Make Good Decisions*，by Gerd Gigerenzer, 2013.

你就奋力一搏吧。

狐狸经验 ————————————————

偶尔也得放手一搏。

27 大胆尝试

几年前，我的上司向董事会提呈了一份名声广告方案的意向。内部人都觉得这个举动有些冒险，因为这份提案有可能会带来负面的报道，我的同事个个都在打赌这份提案能否通过。大部分人都感觉这份提案会被直接否决，不过坦白说，董事会并没有直接否决。他们只是提出了一个请求——我们能否考虑言辞温和些？董事会并没有强制我们改变，只是提出了这点建议。

于是我们调整了。广告要改得更低调，我们只是让语气稍微轻了些。几天后，我们按计划发布。好的一点呢，我们并没有招致负面的报道；但坏的一点呢，我们压根儿没有引起任何关注。我当时还打赌人人都会讨论我们的品牌呢。不过我们永远也无法得知，如果按原意

137

打广告，结果会不会不一样。我只知道，我们当时都退缩了，因为我们怕了。

我的好朋友道格拉斯·卡梅隆（Douglas Cameron）是《文化战略》（*Cultural Strategy*）的作者之一，他创立了DCX（一家美国广告公司）。去年他打造的"Palessi"①广告活动是《广告时代》（*Ad Age*）杂志上人们谈论得最多的一个。

"花更少（Payless）"这家打折时尚零售品牌本来让我朋友他们做一些电视广告的创意。怎知，他们搞出了一套错综复杂的噱头来。他们创造了Palessi这个冒牌的意大利时尚品牌，邀请了一群时尚达人在圣莫尼卡（Santa Monica）开的华丽门店里聚集。在这场假冒的发布会上，他们极力劝说这些时尚达人掏现金，甚至还几次引诱他们花650美元买下实际上只卖30美元的鞋子。一段段拍下了时尚达人听到真相后反应的视频一下子火爆全网。几乎每一家美国的电视台都在播这条爆闻，甚至火到国外去了。这场广告活动总的下来赚取了88亿次

---

① 英文与"花更少（Payless）"谐音。——译者注

曝光量。

对零售商而言要戏弄时尚达人还是很有风险的吧？当然。事实上，卡梅隆事先并没有想到这个创意会火，只不过他们的研究发现，这么做能在"花更少"的顾客群内引起反响，这群人主要是中年的蓝领美国人。他们在做顾客调查的时候，引发了一场阶级论战。卡梅隆解释道："我记得，劳伦特，他当时还在做着调查呢，就这么跑了进来，说什么'听着'，有人在那边咆哮如雷，大声抗议那些时尚达人，抗议好莱坞。"

他们当时非常自信能够通过整蛊这些粉丝众多的时尚达人，忽悠他们买下这些鞋子，进而能在这帮工人群体里获得一些吸引力，让这些工人自我感觉醒目的同时还愿意掏钱买他家的鞋。

这个想法实在是妙，不过卡梅隆解释，具体能不能成功还得看最后的落地。对任何一个品牌而言，取笑人这种行为都是非常冒险的。而整个广告制作出来后的剪辑，才是卡梅隆所面临过最为惊险的经历。广告制作到一半的时候，有位广告成员把短片发给自己的老婆和女儿一睹为快。次日，他回到公司，和团队说："我跟你们讲，没人能笑出声来。他们不觉得这则广告有意思，只觉得很欠揍。"第二天晚上，他又把短片给四五个朋友看，回复说带有性别歧视。

卡梅隆现在说起当时的情况，大笑不已，但他告诉我，当时"屋子里人人都害怕。大家七嘴八舌的，各出对策，每个人都给编辑指出了不同的应对措施。"

这一点让我想起了自己父亲一贯的决策作风。当决策不明朗的时候，接下来出现的恐惧会盖过脑中理性的思考，那么最简单的，就是要么取消广告，要么弄低调些。

但当时卡梅隆还心烦着一些事。他和我说，工作室里每个人都在抠片子的细节，在大屏幕上一帧帧地研究。这么仔细的审查，他也觉得拍出来的镜头有可能让人觉得冒犯。可是在真实世界里，有人分享一个视频链接，我们是不会有意那么仔细去抠细节的，人们的反应更多是自然发生的，而不是理性审视的。

卡梅隆最后决定在手机上和几位朋友分享这则广告，他们全都立马绷不住大笑起来。这些朋友并没有很仔细地每一帧都看，多数人都是拿着手机，觉得那只不过是"很搞笑的画面，有个时尚达人，戴着墨镜，在店里很夸张地指着另一头。"

卡梅隆最后做出了和我父亲一样的决定。他让团队不要剪掉或修改视频——别给广告做截肢，它有可能会火。

狐狸经验

用心尝试一些大胆或有争议的事情时，别让恐惧遮盖了你的理性思考。

28 广告宣传是否奏效

从维基百科的资料上看，生活在爱尔兰的日本人口不超过两千人。从整个国家的人口来看，这么小的比例几乎可以忽略不计。所以说，要在爱尔兰弄一个日本的电视广告看起来并不是那么明智。

但我们给48品牌做了这么一则广告，当时品牌刚推出八个多月，进展还不错。销量数据也不错，所以我们想在新的一则广告里做个小小的实验。这则广告出来的效果着实怪异，短片时长50秒，主画面是一个日本流行女团。这则广告很高产，内容很多，视频声音大得很，五颜六色，视觉效果挺癫狂的。故事嘛，为了让大家都能知道这则广告在讲什么，这里总结一下，主要是四个女孩一边唱一边从真实的样子切换到她们的动画形象，在电子游戏里打怪，最后堕入爱河。[1]

广告里的画面情绪高昂，放着日本流行音乐，巧妙地喊出了"去，去，去，去拿下（Go，Go，Go，Go Conquer）"，女团成员以一种极其不含蓄的方式，点着头喊出了我们48品牌的广告语"去拿下（Go Conquer）"。广告的结尾，我们会听到一位日本男演员用地道的日语喊出唯一一句英文"22岁再严肃吧。48，去拿下。"

广告成功了吗？我的分析肯定达不到英国广告从业者协会实效奖的严格标准。但是八年后再返回来评估这次广告活动，在没有任何同侪或社会舆论压力下，在不必非得宣称自己的广告是成功案例的背景下，我很有底气地说，这则广告很成功、很有效。当然，我们确实在此前的发布活动那儿获得了许多助力，但无论是从广告追踪还是宣传指标来看，这则广告远比此前的所有竞争对手和行业平均标杆要好太多，而且我们也完成了销量指标。

在大多数公司里，这则日本电视广告是永远不可能做出来的。或许少数几个做市场营销的会愿意宣传，前

---

[1] www.youtube.com/watch? v=qBAm_JI4ZhY.

提是因为他们要不这么做的话，就有可能要么丢饭碗，要么丢自尊。

这则广告成功了，并不是因为里面全是日本元素。我们同样很难确认，这里面哪种元素造成了它最终的成功。这种意想不到的低成本运作几乎无人提及，或许你会说，它成功是因为品牌传递出了一种信息，年轻人就应当趁着年轻玩乐。但是，即便如此，这种说法仍然不足以解释为什么这则广告那么成功。从现实考虑，我们当时做得更多的不是一则广告，而是更贴近于一条音乐录像带。

那么，为什么这么一则怪异的广告，在没有直指销售的情况下，还能促进销量呢？我试图举出两点我认为促成最终成功的因素。

第一，这则广告实在是太新奇了，所以大家都能注意到，都在讨论。对于一个新品牌来说，在竞争激烈的市场中获得关注，或许就是它最主要的任务——我们需要进入公众的雷达范围内。我们的这则广告声音实在是太大，画面太绚烂，以致你无从躲避。而当时的爱尔兰电视台里没有其他像这样的广告。我们的研究表明，90%的25岁以下人群觉得这广告很特别，41%的人觉得还算正常。还有一个数据很引人注目，它显示没人（0）觉得这则广告"让人心思安宁"。

第二，音乐在这则广告中扮演了一个非常关键的角色。这则广告的音乐一直在你脑海里响起，有的人很喜欢，还有的人比如说我，觉得很烦人。但它毕竟还是在脑海里挥之不去。而且最重要的是，品牌的链接就是这首歌本身。人们记住了歌词"去，去，去，去拿下"，歌词本身就是我们的广告语。很明显这是专门设计出来的，但是我记得当时在设计的时候，并没有给歌词赋予多少深度，我们在这点上算是走运。

 狐狸经验

广告宣传奏效不一定有什么道理可言。

29 广告中的销售信息
不是必需的

　　或许接下来这个说法会让你觉得不大舒服：30秒纯胡扯的广告也许能让我们完成销售目标，其实这一点都不疯狂，也不是什么新鲜事。费尔德维克或许是广告界里最有智慧的人，他很早之前就写过这一点。

　　我们都承认，带点古怪气质的广告或许能引起人注意，但一听到广告里一点台词都不说，心里就马上惴惴不安了——无论台词是要卖货，还是叙述更宏大的品牌理念。什么，啥台词没有？等等，广告难道不就是要传递信息的吗？当然，要引发情绪共鸣的那种。但是，到头来，我们的任务当然是要把信息传递到目标顾客的脑海中的，是吧？约翰·菲利普·琼斯（John Philip Jones）教授解释道："商业广告得讨人喜欢——但销售

146

的信息一点不能错。"①

但非得这样吗?

吉百利(Cadbury)著名的《大猩猩》(*Gorilla*)巧克力广告一定是我见过的最有原创性的电视广告之一了。麦克斯和亚历克斯,我的两个双胞胎儿子,特别喜爱看这则广告。广告播放的时候,他们会做好准备,摆出击鼓的手势,停在半空中,等着广告里的猴子开始打鼓。现在他俩都能在电台里认出菲尔·科林斯(Phil Collins)的声音了。别担心,我一直放着摩瑞西的音乐和史密斯乐团一些最好的曲子来调和了。

毫无疑问,这是我所见过的短片里,最独特且最具有创意性的了。此外,这条短片很明显,和巧克力几乎没有什么联系,如果这则广告确实有效,我是真的希望它能带来真实的销量,那它一定是属于那类没有任何意义,但却又是成功了的广告,因为所有人都在讨论它。

有人和我讲过,给高级管理层推销《大猩猩》广告

---

① *50 years using the wrong model of TV advertising*, by Robert Heath and Paul Feldwick. *Market Research Society*, 2007.

非常艰巨。当然艰巨了，他们想做的是要说服一群做商业的女士先生，请求他们同意做一支理应造价昂贵的广告，时长只有50秒，而画面里主要就是一只猴子在那儿什么都不做，也不出现巧克力。

但你怎么做巧克力广告呢？你要是和做"大猩猩"广告的团队聊，大概会听到他们跟你讲"大猩猩"代表了快乐，它让人们联想到吃巧克力的时候是快乐的。而这只大猩猩之所以如此忘情，投入在打鼓当中，是为了将这种吃巧克力时候所感到的快乐戏剧化。德万，你漏掉这点了，这可不是胡扯，快乐才是"大创意"。

你进到董事长会议室，拿着这点去说理，事儿就成了，既然这种广告还是讲点道理的，那么在商业背景里应当可以接受。我们都知道广告还是和感觉、情感沾边的，而快乐就是其中一种。这种广告和快乐相关，我们是可以接受的，也能和同事解释，而且还不会觉得自己特傻。

你或许会反驳说这些都不重要。嗯，语言游戏。他们还是会把广告改造成符合他们心意的。这则广告充满原创性，独具一格，赏心悦目，还广受欢迎。那么，问题来了。叙事谬误再次来临。一旦广告发布出去，开始能卖东西了，我们就会相信是广告的作用。我们真心认为这则广告起作用了，是因为它放大了快乐的感觉，所以，我们又弄了一则放大快乐感觉的广告。这一次，是一则名为《卡车》（*Trucks*）的广告，但结果翻车了。[①]没人是可以不系好安全带还永不翻车的。

我手头没有可靠的证据表明《大猩猩》广告是如何奏效的，正如我此前所述，我真心希望这则广告是成功的。但如果它真的卖得出产品，我猜想成功的原因并不是它们在这短短的广告里传达出了快乐，而是大猩猩本身。在新的一则广告里，最好是继续使用大猩猩这个元素，而不是快乐这一点。利用上一则广告积累的名声乘胜追击。当然，我现在只是在猜想而已，而且，我也知道人站在旁边指指点点是很简单的，针对的还是十年之前的事情。对不住了。

不过，或许我有失偏颇。我总是暗自希望，所有的

---

① *Seducing the Subconscious*，by Robert Heath，2012.

广告只要往里加入一两只奇奇怪怪的猴子就能增色不少，就算猴子在广告里是配角也行。最理想的就是韦士柏踏板车了。我通常会在广告的工作简报里偷偷加上一条"猴子必须得要"，得优先考虑。英国茶公司PG Tips的著名广告中就出现了大猩猩，这家品牌也是获得了长期实效领域里的英国广告从业者协会实效奖。

英国茶公司PG Tips的故事非常成功。在发布了大猩猩广告的几年里，就取得了市场领头羊的地位，并在市场竞争最激烈的时期维持了几十年——要知道那个年代都要求品牌溢价。他们家从1956年开始，就一直沿用了这些大猩猩为主角的广告。

我们知道这种广告是奏效的，它能赢得市场份额，也能说服人们为品牌掏更多的钱。但是广告里的信息并没有解释为什么这么做能成，因为广告里说的都很平常。那么，这种广告成功的原因是什么呢？

费尔德维克曾经在书中和文章里讨论过这一点。他解释说："广告里是提到了一些茶的内容，但都非常平常。我指的是好茶、嫩茶和值得来一杯好茶等这类的说辞。或许过去四十多年来其他茶品牌多多少少说的都是这一套。"

　　那么费尔德维克觉得他们家脱颖而出的原因在哪呢？"嗯，当然是那些猴子了，笨乎乎的。不知怎么地，这30秒毫无缘由的娱乐画面，就是能让人不仅选择了他们家的茶，还愿意多支付35%的钱买下来。"①

狐狸经验

　　销售信息不是必需的。

① www.thinkbox.tv/news-and-opinion/opinion/exploding-the-myth.

30 德万，
你知道那不是个测试吧

　　广告传奇人物伯恩巴克曾说："人家没在听，你什么也卖不了。"在广告行业内我交谈过的大多数的专业人士都同意这一点。卖广告的时候，如果没人注意，我们可就摊上大事儿了。

　　所以要让人注意到我们的广告至关重要。但我们怎么样才能提前预测做出来的广告能吸引人呢？砸一沓钱制作新的电视广告前，我当然愿意提前得知它的售卖效果，更别说背后在各大媒体渠道上砸钱了。所以我们会询问人群，会在发布广告之前做各种测试。在各种焦点小组座谈会、一对一访谈和定量研究调查里，我们都会问："您是否能注意到这则广告？"当然，问了这个问题之后，还有一大堆问题接踵而来。我们会提出各种各样的问题。实话说，在众多问题中我们最关心的就是我们的广告是否有人在听这个问题。如果答案是否定的，我们就得给自己的广告做出一番解释，或者直接重新再做一则广告。

几年前，我参加完一个焦点小组座谈会后和父亲一起吃晚饭。当时自我感觉良好，尽管小组里只是和十几个人聊，但我对某一个广告概念很自信。我的父亲经常对我的工作感兴趣，也很乐意听我在那边大声地讲。"很好啊，事情挺顺利的，我挺高兴的。"他说的是真心话。就在我们要转移话题的时候，他又加了一句："德万，你知道那不是个测试的吧？"

嗯，那当然是个测试啊。名字就叫创意测试（creative testing）啊。父亲想说什么呢？他又解释说，我们单纯去问人家是否愿意做某件事情，这算不上测试，不符合"测试"一词所应包含的严格要求。各种测试手法实际上是要观察随机抽取和控制组中人们的行为。

可是，即使这么做并没有严格遵守科学的要求——但总比什么都不做要好吧？不然为什么每年会有成千上万则广告"测试"呢？广告效果的事前测试（pre-testing）可是门大生意。我父亲虽说是个教授，但他对广告可是一无所知呢。我把话题岔过去了，那顿饭让他买了单。

卡伦·尼尔森-菲尔德（Karen Nelson-Field）教授对广告可比我父亲懂得多，但她却站在了父亲那边。尼尔森-菲尔德教授曾写过不少广告领域里有关人们注意力的文章，她是阿德莱德大学媒体创新教授，同时运作了一个"强化智能（Amplified Intelligence）"的项目，用她的话说就是"一群市场营销博士和一群计算机科学工程师坐在一起做开创性的媒体与市场研究。"在此之前，她曾在著名的南澳大学商学院营销研究中心待过十年。我第一次接触到她的作品时，她正写着一本书，内容很精彩，里面有她的实验发现，介绍了为什么有些网络视频能火。

我俩之前在都柏林见了面。当时我问尼尔森-菲尔德教授她对"您是否能注意到这则广告？"这个问题里人们的回应可以信几成，她跟我说："任何像这种鲁莽的调查问卷提问，且人们还声称自己能回答的伪科学，压根儿不可信。人们嘴上说的和实际做的南辕北辙——这是真的，生活里有一些很重要的事情上，人们就是这么不一致，像是下决心要少喝点，别那么累，多做些运动——更别提在生活中占据位置少得可怜的：广告了。"

哎哟。我可是凭着这个问题的答案做过好几个大决定呢。

那么，这告诉我们什么道理呢？我觉得有一点很重要，就是要承认广告中人们的注意力是很重要的，但是要预测人们是否真的能注意到某个东西是很难的，也十分复杂。实际上，无论要预测什么都是不容易的。用尼尔斯·博尔（Niels Bohr）的话说："各种预测都是艰难的，尤其是预测未来。"人们对各种数据和百分比有一种执迷，认为这些数据能予人慰藉，让我们的老板和自己都觉得人们能注意到我们的广告。当然你也可以争辩，说有数据比什么都没有强。但说实话，我不太确定是不是这样，因为这些数据让我们产生了一种精确性的错觉。

把这种提问称之为测试或会贻害无穷，尤其时下大家都拥趸测试。这种测试体现出某种程度的严谨，似乎还挺可靠，也能作预测，但这些在实际中又是不存在的。我依旧喜欢从人们口中得知他们对创意的观点或反应，我觉得这么做大有裨益。但却不再那么看重这些问题来帮我预测人们会做何感想或做何行动所带来的效果了，而是用来辅助自己形成意见。不是用它来证明什么——不用对自己证明，也不用向他人证明。只是用来辅助自己做决定，人家花钱请我们来做的就是这个工作。

 狐狸经验

不要觉得创意广告提问里获得的反应能达到测试的严格要求，这么想可会坑了你自己或别人。

我们必须要
抓住他们的注意力吗

那么即便我们的广告事前测试无法做到精准，但至少抓住人们的注意力是理想目标吧？嗯，或许也不是。如果我们不需要抓住人们的注意力也能发布有效的广告呢？

2003年，知名橙汁品牌纯果乐（Tropicana）在英国市场的大部分份额还十分依赖少数忠诚顾客。他们当时想要获取更多的顾客，广告部门的工作任务就是要打造一则新的广告，吸引更广的客户群体。

几个月后，他们发布了一则新的电视广告《鹦鹉》（*Parrots*），画面主要是三只唱着歌的鹦鹉坐在热带橙子树上，直接从果子里喝橙汁。广告发布后的研究表明，人们不仅记住了广告，而且非常喜欢。品牌关注度增长了，品牌喜爱度飙升。这则广告拓宽了公众的品牌意识度，也吸引了更多的人关注纯果乐这个品牌。

但销量却没有跟上。尽管更多的人关注到纯果乐，但是对大多数人来说价格略高。于是市场团队重组，次年推出了一则新的电视广告，名为《美式早餐》（*Breakfast in America*）。广告节奏轻快，精美的画面里出现了在纽约享用的美味早餐，背景音乐是迪恩·马丁（Dean Martin）的曲子《早餐鸡蛋你觉得好吃吗？》（*How d'ya Like Your Eggs in the Morning*？）。

广告发布前，他们就做了测试。《美式早餐》的测试结果比不上《鹦鹉》，对于前者，人们认为该广告不够特别，没那么有趣，更普通些——更谈不上抓人眼球了。"这则广告嘛，还是挺温和宜人的。"可是在广告世界里，温和是死神之吻，没有人会愿意给温和的广告买单，你也可以直说根本不在意这些广告。这种广告挺享受的，但效果不如意。研究机构预测《美式早餐》广告推出后，不大可能在竞争中脱颖而出，公众认知度低，销量也低，但他们还是发布了。

销量迅速激增。前一年纯果乐的销量仅增长10%，到了2005年就增加了25%，扭转了长期以来的市场份额下降的局面。更有意思的是，纯果乐的价格弹性（price elasticity）降低了40%，广告说服了人们相信高价果汁值。[1]

发生了什么？我也不大清楚，但有种可能是，人们必须注意到品牌广告才算起作用，但与此同时我们不必意识到自己已经注意到了。我们常常会拿着广告进行讨论，做复盘工作，也时常否决一些广告概念，认为这些方案无法抓住人们的注意力，但事实是，很少有广告能真正抓住人们的注意力，大多数根本就做不到。但这样的广告或许已经在发挥作用了，他们或许在以一种温和的方式劝说我们去购买。

每天我们都能注意到很多事物，但不一定会花心思去想。过马路的时候，如果这时突然有辆车挡着路了，我们会立马意识到危险，得往旁边站。我们这么做的时候，不会有意识去思考这辆车怎么样，我们只不过是接收到了信号，解读信号，然后采取了行动。类似的事

---

[1] IPA Effectiveness Awards（Silver, 2006）. *Tropicana – How the Big Apple helped sell orange juice*.

情往往发生在一瞬间，且每天都在上演，而无须意识思考。

同样我们也没有理由认为看见广告这件事会有何不同。艾伦·赫奇斯（Alan Hedges）是著名的研究员和作家，曾写过："如果有人觉得所能接触到的广告信息中，仅仅只有很小一部分有可能被人意识到，而且还会在脑中思索，那这可真是天真无知。"①

罗伯特·希思（Robert Heath）教授曾就此在他的《我们在为什么样的广告买单》（*Seducing the Subconscious*）中展开讨论。他提出了一种低介入处理（low-involvement processing）理论，假设许多要成功的广告，并不需要抓住人们的注意力。相反，广告需要打造出与品牌相关的积极情感联结，然后让其停留在人们的潜意识里，最终驱动他们选择这个品牌。

希思提到一个有趣的例子，那就是时代啤酒（Stella Artois）这个品牌。时代啤酒在报刊上刊登了约八年的广告。研究报告显示，登了八年的广告，人们对牌子的

---

① *Testing to Destruction*，by Alan Hedges，1982.

意识度仅有4%。可以说，这份广告并没能抓住人们的注意力。但是，还是同样的研究，指出了时代啤酒在用户质量认知（perceptions of quality）上得分奇高。经过严谨的分析后，报告得出其原因可能是报纸上的广告打造了时代啤酒高品质的品牌认知。

广告中人们的注意力或许要比我们所认为的更为复杂。尼尔森-菲尔德教授提醒我说，广告本身必须要入眼方能奏效。但她的各项研究似乎都支持了希思的理论，即便人们没有意识去注意广告或记得自己曾注意过广告，这些广告也能起到作用。

🦊 狐狸经验

广告必须引起人们的注意，而且可能已经引起了人们的注意，我们只是没有意识到而已。

32 科学性营销

我是钟情早晨的。白日殆尽，情绪也随之沉沦。而早晨总是充满各种可能，弥漫积极乐观的情绪，还有咖啡因的芬芳。那日早晨，伦敦烟雨迷蒙，我和众广告商在广告公司会面，评审提交上来的创意作品。

手头有三种方案，前两种皆不中用。显然，连公司自己也这么觉得，所以每个方案各占了一页幻灯片而已。第三种方案倒是有点好莱坞大片的感觉。这是从昂贵的电影里摘出来的一些片段，用蒙太奇的手法剪辑成的一段情绪影片，上面甚至还录制了脚本。广告商面无表情地解释他们已经开始劝说爱德华·诺顿（Edward Norton）出演里面的主角。"诺顿本人或许想加入，我们已经和他的经纪人聊过了，她觉得这个创意很不错。挺新鲜的。"

这一点也不新鲜好吗，我还怀疑这片子什么也没说，不过每个人看上去都乐呵呵的。或许他们早就神游别处了吧，幻想着在开普敦进行四日的拍摄工作。我知道自己就是这么想的，思绪一直在神游，直到一个叫约翰的人突然发话："这片子没法提高销量，或许可以拿个大奖，但肯定没法说服人买我们品牌的产品。"大煞风景啊。

我不大认识约翰因为公司人挺多的。说实话，这个项目也和我没多大关系，当时他们临时让我过来帮忙点评下作品，我自然乐意。平心而论，这工作和我是没有利害关系的，但和约翰有，他可是写了23页的工作简报的那个人。

约翰是商业销售总监之一。难怪，尽管他是做销售的，但还是非常热切希望大家都清楚他有市场营销经验。他解释自己有段时间曾是"谷歌在英国最大的关键词广告客户。"而一说到做广告，他是那种"艾达（AIDA）类型的人"。

我可没开玩笑，他是真的这么说的，一个"艾达类型的人"。我马上取消了接下来的会议坐直享受好戏，还想着如果自己在那儿一圈下来问问大家还想不想来一轮咖啡合不合适。我们公司市场部的同事都不大乐意看见突变的形势，他们脑子里肯定在想各种截止日期。一个二十岁出头的公司客户执行发疯似的在手机上谷歌艾达（AIDA）到底是什么——他猜的是对的，我们才不是在聊什么意大利歌剧呢。

在直复营销里干过一段时间的人都知道艾达法则，即注意力（attention）、兴趣（interest）、欲望（desire）和行动（action）。一般人在描述某种"影响力等级（hierarchy of effects）"的广告模型时，艾达法则是最受欢迎的例子。这个法则指出，广告会让顾客的心路历程产生变化，从一开始顾客完全不在意商品直到最后花钱购买它。这期间包含一系列步骤，按顺序来说：集中顾客的注意力、引起顾客的兴趣和认同、激发顾客的购买欲望以及促使顾客采取购买行动。

艾达法则起源于1898年，直到20世纪20年代霍普金斯写了一本有名的《科学的广告》（*Scientific Advertising*），这个概念才火起来。艾达法则还是挺有名的，不过，当时在座大多数人都不太听得懂约翰讲的是什么，包括约翰自己。

艾达法则本身没有什么错，只是并没有很多证据能表明我们在做所有的广告都要遵循这条法则。本来广告公司的团队应该对自身广告专业的历史更熟悉，不过约翰还是跳进了"科学性营销（sciency marketing）"的坑里——这是道格拉斯·霍尔特（Douglas Holt）和卡梅隆在佳作《文化战略》一书中共同创造的新词。营销在这点上神似科学，听起来也像是科学，大家也把它定义成科学——可是它不是科学，营销只不过是"科学性"的。

或许市场营销领域里有些科学成分，比如像定律一般的双重原则，但我们还是应当对任何定义为科学的事物保持怀疑，尤其是把某种东西奉为唯一能让广告奏效的说法。只坚信某种唯一出路不仅仅限制了许多可能，还有可能危害极大。

罗曼纽克近来在一次市场营销活动上指出："如果你觉得在市场营销是如何运作的这点上自己无所不知，对不起，你错了。我们这个领域，作为科学而言，才刚刚起步，还有很多要学的。"①

狐狸经验

只坚信某种唯一出路不仅限制了许多可能，还有可能危害极大。

---

① www.marketingweek.com/ehrenberg-bass-marketing-embrace-science.

33 去做实验吧

年轻人都不太爱打电话，他们都发短信。

我们在发布48品牌时提供的超低价格套餐巩固了这一点。当时，大部分手机价格套餐都很复杂，而我们推出的不仅非常实惠，还简单明了。因为年轻人都不爱用手机打电话，所以我们当然知道可以提供不限量的电话时长，而且不会太影响成本。

发短信是属于年轻一代的。越来越多人使用即时通信软件WhatsApp，但我们都清楚，现在这时代，普通的短信才是主流操作，那是年轻人想要的。而且从数据上看，现实就是年轻人不太爱打手机电话。

我们在发布品牌之前就研究了设计的价格套餐。我们和年轻人在一起做人类学研究，让年轻人给我们展示

狐狸思维

他们是怎么玩手机的。我们给年轻人分享了不同的价格方案，听取他们的反馈，种种迹象都支撑了我们坚信的观点，那就是年轻人不太爱用手机打电话。这样，我们就发布了48品牌，提供不限时电话和短信，每月仅需10欧元。

这帮年轻人竟然喜欢用手机打电话。

总体来说，我们的48品牌发布是成功的。卖得不错，很快也在年轻人群体中传开来了，顾客也比较满意。发布48品牌的那支小团队经验丰富，刻苦用功，凝聚力强，所有人都在手机移动网络产业里摸爬滚打好几年了。我们发布过十余种广告，打造过可能有几百种价格套餐，对年轻人玩手机的行为了如指掌。

但我们那次还是摔了跟头——价格可非寻常。那么发生了什么呢？我们那次怎么就出错了呢？事后看来一清二楚。当然了，年轻人是喜欢打电话的，而且肯定有人是偏爱打电话的。但过去很多年轻人不打电话时，是因为打电话太贵了。年轻人一般来说囊中羞涩，不管怎样，都更倾向于买必备品——衣服、食物等（这是笼统的说法，并没有什么实验支撑，所以就别引用啦）。

年轻人和我们说他们不喜欢打电话，他们多数人大概也这么以为的吧。但人们在预测自己将来的行为这件事上是非常不拿手的。

我记得自己很多年前坐在焦点访谈小组中间，试图深入理解如何才能言辞温和，说服顾客用手机上网。那个时候叫WAP，一种无线应用协议。无线应用协议大体上没有什么用——除非你想听到那发了疯似的青蛙铃声。顾客都告诉我他们一定、永远、不会用手机上网。他们还笑我来着，然后苹果手机就问世了。

我们在定价上出了错情有可原，但决策过程则不可原谅。当时的测试明明很简单——来一场真实的测试，就像我父亲说的那种。在发布之前，我们本可以找来几组朋友，让他们免费试用我们的SIM卡几周，然后追踪他们的手机行为。

更简单的，我们明明可以直接升级他们的手机卡套餐，无限量，让他们尽情使用三个星期，想打多少电话就打多少，想发多少短信就发多少，然后我们就可以观察他们的行为了。

我们本应当做好几场实验的，可是当时却忽略了这一部分。自从那时起，我渐渐迷上了做实验。正如泰特洛克教授所说："不要再假装你懂了，你根本就不懂，做实验去吧。"①

 狐狸经验

只要有可能，就去做实验吧。

---

① *Superforecasting: The Art and Science of Prediction*，by Philip Tetlock，2015.

34 我的直觉错了

　　我的职业之路始于直复营销。读书如饥似渴——以前读了大量出自如约翰·卡普尔斯（John Caples）、克劳德·霍普金斯、赛斯·高汀（Seth Godin）和鲍勃·斯通（Bob Stone）一类名家的著作，同时也读了一箩筐更专业的书籍。当然，我也充分吸收了传奇人物勃德（Drayton Bird）写的文章，我甚至还设法邀请了勃德先生与我和我的团队一起做训练课程。他可能忘了有这回事，但我在申请工商管理硕士时，先生非常好心地为我写了封推荐信。

　　正因为测试在直复营销领域中是最基本的原则，所以我一向十分热衷做实验。但我从未在最经典的A/B

测试①范围之外考虑过测试这件事。直到我和国际性创新咨询公司华特意富——他们最近被埃森哲低价收购了——一起做了些项目，我才开始意识到测试也能在现实中运用。

华特意富使用了一种他们称之为"让它成真（make it real）"的方法。创始人马特·金登（Matt Kingdon）在他的书《创新之力》（*The Science of Serendipity*）中介绍了他们是如何运用这个方法来帮助一家前沿的商业街药店的。

团队的任务是要解决大家称之为"自动习惯性药店购物"的问题。来药店买药的人往往会直接走到货架上，拿起同一款止咳药或自己一向吃的药，也不管手里的药是不是最适合自己的。金登及其团队被要求做实验，看能否打破顾客的这种买药习惯。

华特意富团队一开始只和一家药店进行合作。他们在某个周日晚上来到店内，做好实验的准备，他们有充分的自由，随意移动产品的摆放位置，也能把新的包装摆在架子上，或者更换标志。他们在店里轮班12个小

---

① 一种帮助进行优选的测试方法，可用于市场营销中。具体可参考陈运文博士文章：https://blog.csdn.net/dqcfkyqdxym3f8rb0/article/details/79434776. ——译者注

时，不断测试着直觉可能成功的不同方案。

他们给货架设计了新的标识，提示顾客询问店内药剂师的意见，也给店内人员写了新的资讯答复话术。店铺开门后，团队就在背后观察顾客的购物行为，实验没有什么变化，顾客的购物行为没有变化。吃过午饭后，安静地小憩那会儿，团队又开始测试新的直觉可能成功的方案。这回他们做出了更多的改变，顾客的行为依旧没有改变。

他们不断观察顾客的行为，质疑上一次的直觉并重新调整店内布置，这么一天下来后，他们来到了一家安静的咖啡店里，开始复盘第一天的实验，这也是测试方法论的一部分。干预、观察、回顾，然后再做更多的假设，不过要快。

他们又尝试了一个新的直觉假设。这次，他们把处方药从柜台后拿了出来，把里面的药品和粉都倒光，再把空包装放回货柜上。他们给这些包装添了提示语，说明是强效药，"最佳"精选——需配合药剂师建议使用。

这次实验成功了，进来买药的人都停了下来，仔细读了标签上的提示，开始思考哪些药品才是最适合自己的，药店店员不得不迅速补货。这种店内调整效果明显较好，迅速扩到了另外八家药店内，几周内，全国的药店都使用了这招。

"让它成真"这个法子每个做市场营销的人和团队都可拿去用。一条基本原则是要接受我们的各种理论、直觉假设和想法常常都是错的，而最好的方法是拿到现实世界中去测试，快速迭代。我最近在做一些定性研究，里面包含了一系列深度一对一访谈。市场营销团队想让我弄清楚人们不买东西背后的动机和阻碍因素。访谈第一天结束，我就形成了一个很强烈的直觉猜测，是的，只花了一天时间，我就在脑中形成完整的印象了。我心里想：德万，你可真是吃这行饭的。

通常下一步是把调查发现和建议制作成精美的演示幻灯片，待项目结尾就提交上去，然后会有多轮的演示和会议，接下去可能还会进行定量研究。理想情况下，几个月内我们就能知道先前的洞见是否有巨大的市场潜力。这种方法并无大碍，只是战线拉得太长了。

我并没有这么做，而是采取了"让它成真"的方法。所以第一天面谈结束后，我马上回到家，制作了一些谷歌调查问卷，用更多的调查人数来给我的直觉进行合理性检查。我想看的不是数据所代表的内容，如果有必要的话这个步骤可以放到后面做，那时我只想得到一些信号就可以了。

一个小时过后，调查问卷时间到了，数据也出来了。然后我开始进行下一步——设置一些谷歌广告。因为人们经常只是嘴上说说而已，我想看看自己的直觉是否有足够的说服力，能说动人们点击广告。我想测试的是人们的行为。午夜时一切准备就绪，我就躺下休息了。到了第二天下午，我就收到了数百人的回应——足够说服我自己之前的直觉猜测错了。可恶。但这只是我访谈的头两天而已，还有大把时间做新的直觉测试呢。

🦊 狐狸经验 ————————————————

通过"让它成真"的方式进行快速决策，其价值在于能让你证明某个直觉是错的，然后继续新的直觉测试。

35 这次季度目标又泡汤了

　　我站起来，给几百人的市场部的同事做演示。我们每个季度都会来一次，每支团队大概有15分钟时间讲解，整个日程安排得很紧凑，得在很短的时间里和所有人解释你们的团队一直在忙什么，分享团队下个季度的各种计划以及回顾上一个季度里收获的经验和完成的各种目标。

　　一开始我就讲完了未来的各项计划，然后再到收获经验。我们的经验总结了很多，一个季度里做了约30项实验，最终我要介绍完成的目标了，有人和我说公司领导不喜欢听坏消息，就像波斯国王一样，只要消息不合意，他能把送信儿人的脑袋砍下来。如果要问人为什么要报喜不报忧，我猜大概这就是背后的动机吧。

　　然后我说："这个季度目标……又泡汤了。"

收获各种经验是很重要的。但是，如果要我说实话，只要能完成目标，我什么都能豁出去。要是这次能完成目标，可就能减缓我的痛苦了，毕竟我已经连续三个季度没能完成目标了。这时心里是很想要挑好话说的——挑出结果最佳的一面呈现出来。实效性这一点最易受人为操控。只要改变评判的规则，死的都能说成是活的。广告若只完成了70%的目标，那就是没完成。可是只要在宣传后对原有目标稍做改动，哇，你竟然完成了110%的目标。你自己都会为这个结果赞叹不已，轻易地说服自己的确完成目标了，或许是事前对目标定得过高了。所以啊，如果真能这么做，我真希望自己这个季度能达标。

可是我并没有这么做，这是因为这种做法违反了我们市场营销人士三大必备素养之一："我们不会给自己的营销工作做营销。"这个核心素养是我们市场部副主席保罗·达西（Paul D'Arcy）提出来的。达西是非常讲究商业素养的市场营销人士，他特别喜爱竞争，也喜欢在不同的手下那儿听到捷报，但他同样对事情失败的缘由甚感兴趣，也会想要去了解事实离目标差了多少。

例如，我们这个季度做的其中一项市场实验针对的是小商户，通常这群人很难大规模地迅速拿下，电视显然不是我们要投放广告的渠道，毕竟大多数看电视的观众都不会自己做生意，但我们还是想测试，并认为结果会不错，值得一试。

于是我们分别写了两则电视广告，制作完投放出去——一切都在12周内完成。两则电视广告都没有实现短期的每次收购成本（cost-per-acquisition，CPA）目标，所以我才在会上报告我们没有完成目标。但是保罗·达西最关注的是我们还差多少。我们没差多少。然后他不断深入细节，反复提问长达十分钟，我给出的数据让他相信这个做法值得再次一试。

不要挑好的说意味着我们必须在报告中清晰无误地写明白，问题是什么，我们要测试的假设是什么。这么做会形成一种文化，大家都可以接受失败，但是只说好话是不可接受的。通常大家都会吐槽做市场营销的人最爱挑最喜人的数据或者指标做展示，大家说得对，我们很自然就这么做了，而且也是一群积极向上的人，但长期下来，并无裨益。若每次只说对自己有利的好话，那么整个市场职能部门的信誉就会受到威胁。

　　所以，尽管我内心还是希望能够达到目标，我却没有过多的压力非得捏造一个结果证明目标完成。我也清楚自己并不会因此而受罚，只要我们能够严谨思考，并且原原本本把我们一开始所投入的一切都展现出来就行了。与此同时，我也知道如果我们不诚实，非说自己完成了目标，这种谎言也会当着几百位同事的面不攻自破。要说内心有何恐惧，那便是害怕捏造好话，而不是没有完成目标。

　　这一点与我所见过的大多数市场部门正好相反。你可以发现刚进市场部的人，得花上好一阵时间才能不再说些漂亮数据。他们也是不禁这么做的，甚至有些人都没意识到自己这么做了。这需要人"放下过去"。不过，当你发现同事站起来，说"这个季度没完成目标"，也没人会觉得惊讶时，你就知道彼此开始相互信任了。

🦊 狐狸经验

　　不要捏造结果，说得比原有的漂亮，这会侵蚀彼此之间的信任。

36 做项目时把失败考虑进来

　　这本书大多时候都在讲如何减少失败的概率。我们当然不希望广告项目失败，甚至都不愿意谈论失败，会觉得失败这两个字眼太羞耻了。但如果能过了这一关，我们在做项目的时候总是有方法把失败考虑进来，以取得进步的。

　　2015年，我接了个很好的项目。有人请我搭建一个市场营销实验室，说真的，工作范围是全球各地跑，而我的职权范围则是要打造各种市场实验，做各种测试，弄清楚哪些方法是可行的——还有哪些是不可行的。实验主要聚焦在市场宣传，因此，我的主要工作是要在不同市场和细分市场里，测试各种理论、观念、创意、消息和渠道。实验室这个点子不是我提出来的，而是富有远见的达西先生之意，他可是顶尖的市场营销人士，我只是幸运遇上这个机会罢了。恰好的时间，恰好的地点。

此前15年里我一直在尝试理解有关市场营销如何奏效的各种观念、理论和争论，这些说法各式各样，也相互冲突。而无论是从南澳大学商学院营销研究中心那儿，还是从费尔德维克和如霍尔特和卡梅隆这类专家的身上，我都接触到了大量的理论。所以说一家能做实验的场所对我而言再理想不过了。

达西忠于自己的看法，他当时是这么和大伙解释的："各种渠道和市场有无数种组合方式，而唯一能把事做成的方式就是做大量的测试。广告实验室就是要不断做实验，是我们在市场领域里不断学习和发现新事物的动力。所以我们要在不同的媒介渠道之间尝试各种方式，而且还要在全世界各地做实验。"

我自己对这家实验室的看法深受经济学家兼作家蒂姆·哈福德（Tim Harford）的影响。他有一本很精彩的书《适应性创新》（Adapt），在里面他提议我们在尝试新事物的时候，要抱着某些尝试会失败的心态。他紧接着解释说，如若失败了，我们就得承认，而且还得迈过这个坎儿。

有些实验直接就是A/B测试。我们会制作几版广告，每个版本只会出现一种变量，比如图片，然后将这些广告都放到网上去，测试不同的反响。如果有一个版本广告明显赢得更多反响，我们就会制作出一个新的版本和这个版本做对比，检测新版本是否优胜。这可不是什么烧脑的事，如果非要我说实话，其实测试的过程中不太会出现很明显的"啊哈"时刻。

但这么做能实现版本迭代。这种情况下，即便是细微的改善，也会带来极大的改变，而且迭代速度很快。我们团队曾经在项目的某个阶段，一个月内就做了30种不同的实验。我们就是在测试各种各样的直觉。

例如，我们会测试网络视频广告中声音有多重要。视频会不会完胜静态广告？视频广告的长度有多重要？我们还测试了不同的广告风格。动画会比真实生活摄影更好还是更糟？山寨点子有多重要？我们甚至还测试了完全没有任何信息的广告——就是很异乎寻常但又没有任何指向关联的视频。

尽管大多数的测试都失败了，但我们只需要少数能成功的广告。只要有一个成功了，我们就会重新分配更多的资金投入。比如，在几百项创意迭代后，我们能够做到在维持现有成本的前提下，将澳大利亚的应用下载量提高了30%。从技术层面上看，大多数测试的广告都是失败的，只要这些广告没能到达到我们的每次收购成本目标，就会被迅速砍掉。但失败的时候我们不会感到羞愧，也不会将其视作失败，它们只不过是我们在探寻某个成功广告之路上的一个台阶而已。我们做项目的时候把失败考虑进来了。

我们进行A/B测试不断迭代，同时还处理更大型复杂的问题。我们创建了各种长期的品牌打造实验。例如，我们会选择两座特征相似的城市，然后在各城市里进行为期六个月的广告宣传，衡量两者在销量提升和品牌资产变化上的区别。我们还会做一些其他有意思的问题测试。比方说，在一个新的市场里，如果我们想只利用数字市场营销，从零开始打造品牌需要多少钱？这个操作是否可行？我们相信电视的威力，但也对其他途径的测试深感兴趣。

　　而实验室如何能够在大型企业和市场部门内运行本身也是一项实验。我们发现如果想要在这些组织内成功运行实验室，就必须拥有一定的自治权。我们团队的创意人士有能力、有工具，还得有自治权方能创造出不同的广告，让这些方案运行起来，并且由团队自行跟踪运行结果。我们要让各种交接工作和签名盖章的流程降到几乎为零，才能换来速度。

　　让整个流程紧凑起来，运转起来，不断从结果中学习并继续前进，这样的测试当然好处多多，不过这里有一点是需要平衡的。如果你没有把其他部门纳入进来，他们会感到被拒之门外，实际上，他们就是被挡到门外了。他们可以搭把手、提意见、说想法，或许这些都能改善项目的最终效果，但是这样会拖慢整个进程。如果你正在考虑采用这种结构类型，那么很重要的一点就是你得在两个方面之间取得平衡，既要与更大的团队一起协作，又得能迅速行事。

　　整个过程很有意思，并且，最终我们所做的事情以及行事方式会在日后影响我们操作更大型市场广告活动的方式。达西解释过，通过我们实验室的成功经验，

"我们在全世界所做的一切广告多多少少都在经历着这些步骤，广泛地测试，不断尝试不同的事物，并且快速地在市场中测试不同的广告想法和概念。"

 狐狸经验

做项目时把失败考虑进来。

 **37 所有的概括都是假的**

　　地方广告总是胜过国际广告，永远都是。如果说有哪个话题能让人吵起来，那一定是地方广告和国际广告之争，大家能为此吵得红脸。

　　"我们的市场不一样。对，法国、德国、英国、加拿大、澳大利亚市场不一样。"无数个场合上，地方市场同事都会向我强调他们所在的国家市场不一样。其实我也内心有愧，因为当我处于地方市场位置的时候，也会极力宣扬爱尔兰市场不一样。

　　甚至有一次我还极力争取一位爱尔兰演员给一则即将在美国投放的电视广告做配音。简直浪费所有人的时间——广告都做出来了，但在发布前撤下了。

　　事实上，每个国家市场都是不一样的，尽管这么想也无法解决什么问题。国际市场团队常常被人指责，觉得他们不能理解地方市场的细微差别。而总部的那帮人会觉得地方团队夸大其词，或者说这些差别不值一提，犯不着浪费时间、精力或成本。

这时候人人都会走向偏执。我们猜想这是因为每一方都想要"掌控"项目，做拍板的活，挂自己的名，有点儿抢地盘的意味。有时候的确是这么回事，但我相信大多数人是真心相信自己所争取的东西是值得的。不夸张地说——真的是争来的。

那么地方市场总是会胜过国际市场吗？并不是。市场里很少有绝对的东西。如果一个广告做出来是要面向众多市场的话，那它必然承担着作品内容稀释的风险，有可能最终方方面面都涵盖了，但并未针对任何一处起到作用。我也真心相信一则能融入当地文化品位的国际广告胜于面向众多市场的国际广告。话虽如此，我见过的大多数地方广告很少真的能深植于当地文化，所以也许还取决于你的雄心吧。

士力架品牌在结合地方与国际广告上卓越有效。《饿了，你就不是你了》(*You're not yourself when you're hungry*）系列广告原先是国际性创意，在不同的地方市场投放，通常邀请当地的名人代言，拍摄并投放大型的电视广告，广告在大多数的地方市场上都获得了成功。

接着，几年后，他们遇到了些新挑战，市场团队便发展了原有的创意。在维持原有创意雏形的基础上，这次只制作了一个国际性的电视广告，在各大市场投放。这则广告里，罗温·艾金森（Rowan Atkinson）以憨豆先生的形象出现在电影《卧虎藏龙》式的场景里。这则国际性广告打败了此前在各市场使用地方广告的方式，国际胜于地方。此外，因为只制作了一则广告，而无须结合地方制作多则广告，这一做法让团队节省了约1400万美元的制作成本。①

那两者之间该如何选择呢？这可真难办啊。有些国际和地方之间的差异看起来很重要，但实际上并无大碍；有些看起来很细微，却异常关键。我过了一些年才开始承认，或许美国和英国两地之间的广告差别是挺明显的。美国的受众更习惯于，且期待看到更强势的推

---

① IPA Effectiveness Awards（Gold, 2016）. *Snickers: Thinking like a Hollywood blockbuster.*

销。而英国的观众，也许是爱尔兰，更习惯于戏谑微妙的推销。这不是什么定则，不过我觉得说明了些道理。同样，更强调个人主义的西方文明和更强调集体主义的中国、印度和拉丁美洲等地区之间也有文化上的差异。

我曾问过菲尔德，请他从自身经验来分享他对地方和国际市场之争的看法。他跟我说有一种合理的办法，是要先尝试国际广告，让国际性的战略先走通。只有我们确认了在地方上确实有阻碍国际广告发挥作用的事实后，才应调整或改变国际广告。

尽管菲尔德认为人们常常过分强调文化差异性，但他还是相信有一点可以解释为何品牌会选择地方性战略，那就是在某个市场或地区里竞争非常激烈。如果你是市场营销负责人，手头的品牌在地方上无人知晓，那么你的营销方案或许得和别人不一样了。

正如市场营销领域里常见的情况一样，没有什么方案是所谓更好的方案。如马克·吐温所说："所有的概括都是假的，包括这一句。"要找得到文化和市场的差异性很简单，只要想找，总能找到。或许市场营销团队在一开始，就得坦率承认，地方和国际市场是存在差异的，然后开始着手更为艰难的工作，寻找两者之间的共通之处。

狐狸经验

　　在国际和地方市场之争中，首先承认两者存在差异，进而寻找其共通之处。

38 一切文章的初稿都不怎么样

决定通过某个创意通常要比生产创意的过程难得多。如果桌子上摆的是一份绝佳的创意方案，当然很不错，但是离最终定稿还远着呢。一般来说，你还得梳理和别人在审阅栏来回沟通的意见，同时得提早准备让那些直言不讳的同事心里清楚到底谁才是管事的，你还得花很长时间只为了小心翼翼挑选能呈现出创意方案最佳面貌的衡量指标。如果没法选，偶尔你还得说些善意的谎言，嗯，就是赤裸裸的欺骗。

不管我们是在做广告还是创意，都尽可能把市场部门外的同事挡在外边。有充分理由这么做。这些同事在看到最终的方案演示的时候，会听到精彩绝伦的叙述，表明整个制作过程符合战略计划，充满条理，按部就班，井然有序，但实际情况会吓到他们。

所以我们情愿躲在门后创作。我们共享的越多，就越担心自己的广告遭到延期、阻挠，内容被稀释或创意被否定。这些担心统统都有原因，我们不想分享自己的创作，也是因为我们对手头的作品不甚满意，半成品几乎不过白纸一张。我们自然希望在公开前一刻就想好了最终的方案，不过，通常情况是电视广告的脚本在正式制作前夜方敲定最终版本，或者，以我亲身经历来看，几周之后才有所谓的最终版本。

多年来我都默认选择性展现手头的工作，只要广告能做就行，越少人参与越好，原因如我上面所述。但我在五六年前改变了这一做法。我刚完成的几个项目里，尽可能把一切想法、脚本和故事版本，都公开出来，甚至包括制作后期的编辑我也要求自己的团队和其他同事开诚布公。只要感兴趣，谁都可以了解到我们的进展，不管到了哪一步。

在某次市场职能项目上，我们曾把所有最原始且不成形的广告创意在谷歌幻灯片上向全公司公开。成千上万名员工只要愿意都能看到这些非常早期的想法。只要他们想留言，就可以在旁边写下来，很多人都写了。

我们为何要自找苦吃呢？我真心相信早早共享整个市场想法，并且时常保持分享和沟通，最终都是一件好事。因为它能在市场部门与其他部门之间建立信任，尽管我们还在担心自己的方案会受阻，但实际上大多数人只是好奇项目进行到哪一步了而已。

只要弄清楚做广告的这个人才是最终拍板的，而且自己无须参与到每一条留言或回复中，那么我们让其他同事参与进来就是一件好事。就算有人提出了激烈的言辞，但一旦发现我们认真听取且真诚考虑了自己的意见后，他们通常也能接受。这就是重点——我的市场营销团队不需要自己做任何留言，只需要阅读或聆听所有的留言，并回复他们即可。

我知道这听起来或许有些幼稚，甚至太蠢了。但是能够公开询问人们对项目的意见，并且你明白自己无须做出改变，除非你想要改变，这实在是大解放呀。你可以选择听取他们的意见，或者保留自己的意见。

诚然，你必须管理大家的预期。除非提出意见的人有过切实的广告制作经验，否则他们可能很难把一个不成熟的起始想法一下子变成一个能拿来用的方案。正如海明威所说："一切文章的初稿都不怎么样。"我在项目上公开的谷歌幻灯片最上方引用了皮克斯动画工作室前主席艾德·卡姆尔（Ed Catmull）的话："我们所有的电影都很烂……有一点——我们现在所见到的所有觉得精彩绝伦的影片，都曾经一度，没法看——很多人都难以理解。但是想一想，一部讲玩具的电影，大家很容易觉得这个想法没啥新颖的，也很蠢，或者觉得硬广植入太明显。再想想一部讲老鼠做饭的电影，得多恶心人啊，或者《机器人总动员》（*WALL-E*）开头39秒无对白，风险有多高。我们敢于尝试制作这些故事，但不是一开始就想好了的。不过搞创作就应该是这个样子。"[1]

 狐狸经验

早点把你的项目分享出来，并时常分享沟通。

---

[1] *Creativity, Inc*, by Ed Catmull, 2014.

39 找到不喜欢你作品的人

　　早点把自己的作品分享出来，并且时常与人分享沟通，肯定挺难受的，但是这份难受劲却值得忍受，因为它能建立起双方的信任。分享作品还有另外一个更为重要的原因，那就是能提升你的作品质量。

　　诚然，大多数团队里一起工作的人不大能提供多少有用的反馈意见。但是，如果你愿意敞开来聊，或许还能得到一些有用的意见，而它们或许能让你的作品更上一层楼，又或许能预防你把作品搞砸。

　　我的经验告诉我，做广告有一条不成文的原则：想尽一切办法让广告方案通过。但现在我自己都是决定广告能否通过的人，所以我猜想底下的人会谎报一些事实，我个人是毫不介意的。

当然了，这个样子是没法做决定的，尽管大家都这么做的原因显而易见，但问题是我们不能自我欺骗。想说服自己做的决定都是对的实在是太容易了。

为了打压这种做法，我开始主动找到不喜欢广告创意的人。我会寻到自己喜欢的也让自己信任的人，让他们告诉我不喜欢作品的哪个部分，他们不需要为自己的观点找借口或辩护；我还会到办公室楼下见人力部门、销售部门和前台的同事，打开笔记本电脑，征询他们对某个广告的直观感受。

我发现这一招很好使，所以我把它融入我们团队的工作行动中来，我希望团队里每个人都能自在使用这个工作办法。下面是某个周五我给团队发的一封电子邮件：

大家好呀：

几年前，我刚加入一个大品牌的市场营销队伍里，那个品牌可好了，但是广告做得不怎么样。我是团队里的新人，得观察，很快就发现大家根本就不会质疑广告做出来的质量如何。一个质疑的人都没有，当时大家都不是很喜欢那个广告，公司里很多人都担心广告出来的结果，可又不敢提出什么批评或建议。

咱们这周一起学习的广告冲突是一个案例研究，要弄清楚到底发生了什么造成了最终不好的结果，显然这个品牌做了一些错误的判断。我很好奇，当时在生产创意的过程中有没有收到过顾客的反馈。如果有的话，他们是怎么继续把那份广告提上日程，又是怎么做出来的？市场调查和创意的事前测试是很难的，其间有很多犯错的可能性。一部好的作品最后也可能会被否决，而一部烂作品却一层层通过审批，最终还做了出来。真难做啊。

我觉得有一点很有趣，也想了解更多，那就是他们市场营销团队里的文化。实在是难以相信，难道他们团队里没人去质疑那则电视广告吗？制作广告的时候他们毫不知情？广告做出来之后他们看了然后觉得提出修改意见太迟了？他们提意见了吗？如果没有，为什么没提？是提出的意见被驳回了吗？

的确，早点把我们的作品共享出来会让人头疼。人太多会拖慢进程、意见太多嘈杂得很，弄得人很崩溃。要是自己喜欢的创意最后发现是错的，那可不是什么好玩的事儿，尤其你还得想着临近的交稿日期。不过你要是不早点和人分享作品，负面影响更大。我觉得咱们团队里是有人愿意和大家共享的。我本来想看看团队里有没有人设防或者划分地盘什么的，没怎么发现有啊。这不挺好的嘛。

但是我能否向大家提出一个请求，请大家务必展开讨论。你完全可以说自己不喜欢某个东西，或者觉得哪儿出错了。说出来并不代表你针对那个人，觉得人家不专业做不好。把人情和工作分开。我鼓励大家找到你觉得可能不喜欢自己作品的人，也去征询他们的意见，只要清楚谁才是给哪个作品下批条的人，你就不用担心自己的项目会受阻，但你去展开讨论，征求意见，能收获不一样的视角。

祝各位周末愉快！

保罗·德万

 狐狸经验

主动找到那些和你意见不合的人。

40 这些不是规矩

2011年英国最受喜爱的电视广告是平价超市奥乐齐（Aldi）发布的《茶》（*Tea*）。《茶》比其他著名广告，诸如比较市场网站（comparethemarket.com）的《海猫》（*Meerkats*）和大众帕萨特的《小达斯·维德》（*Little Darth Vader*）更受欢迎。[①]如果你还没看过《茶》，推荐你去看。整则广告幽默风趣，出人意料，呈现出独特的英式风格。

《茶》不仅赢得了观众的喜爱，而且非常有效，增加了25%的销量、43%的市场份额，每投入1英镑能收

[①] www.thedrum.com/news/2011/12/28/neilsen-names-aldi-tea-ad- most- popular−2011#: ~: targetText=Aldi's%20advert%20featuring%20 a%20 woman，most%20popular%20ad%20of%202011.

回14.50英镑。很难再找出比这个品牌广告效果更为喜人的例子了。

事情是这样的，《茶》是一则销售产品的广告，不仅如此，还是一则硬广。直接拿他家和别家产品进行对比，公开讨论奥乐齐的自有品牌食品和层次相当的各大知名品牌相比，价格更低，产量也更少。广告里没有造价昂贵的背景音乐，没有特效，只有一个人，甚至她还不是什么演员，并且整则广告很短——只有20秒。《茶》是广告里的模范，几乎打破了行业里的一切规矩。

我们一旦开始把一二三立为规矩，思想就会变得闭塞，再也不愿意接受新事物。戴夫·特罗特（Dave Trott）在其最新出的书中指出，广告行业的同仁总以为要激起人们情感上的反应需要打感情牌。不过他提到了伯恩巴克通过产品展示打造了极具吸引力的大众品牌（Volkswagen VW）。特罗特写道："在情感（emotion）和理性（reason）之间争论是错的，争论数据和直觉也是错的。事实表明：我们在制作广告时都要考虑到这些，并且要正确使用它们，至于哪种更优则视具体情况而定。"

即便是情感这项议题就很复杂——我依然会混淆感觉（feeling）和情感（emotion），这俩不一样。情感是《解码》（*Decoded*）一书作者菲尔·巴登（Phil Barden）常常写到的一种东西。他和我解释说："我们广告行业里大多数人依旧在用一种虚假的二分法来讨论和使用情感和理性——两者通常和左脑与右脑相关（这也是假的）。大家直接采用系统1和系统2的思维方式，炫酷地讨论情感和理性。"

巴登跟我说："系统1的自动化思维方式让我们深受其害，直接做出'够好的了'这样合理的结论，让我们觉得它和现存各种模式相匹配。另外，这种思维方式衍生了'情感是好的，理性是差的'这一结论以及诸如'我们需要理性的广告强调产品的卖点，然后需要富含情感的广告塑造品牌'这种言论。胡说。我们不可能把两者这么划分开来。"他还提到了一个有趣的例子，那就是奇力洁（Cillit Bang）的广告，简洁有力，产品展示咄咄逼人，卖点频出，有理有据。难道我们仅仅应该将其视作理性/功能性的吗？当然不是。这则广告激发了人们心中的自豪感、控制欲、解脱感、保护欲和归属感——这些全都是情感。巴登的意思是我们应当拒绝这种对立的非黑即白的思维方式，而去接受系统1和系统2相互连接的思维，承认万物相联的事实。

有一点要说清楚，巴登本人十分热衷情感的运用，但他也强调科学证据表明，情感和动机（motivation）不能融为一体；我们仍旧需要在品牌以及我们要做的工作之间，创造出某种联系或直觉性的链接。他拿百威啤酒的《怎么说》（Wassup）广告举例以说明品牌名声和特征，但也指出"广告把品牌和某种男性团体、结合、归属的目标联系起来了。"我不大确定他会不会全力支持我的"猴子必须得要"理论。我没敢开口问。

广告不是直白的陈述，有大量看起来互相冲突的广告建议，但要一个个全都弄清楚很难。可以理解为什么我们总想要记下一些规矩，简化手头的活儿。总想要那些规矩出来，团队就能循着方向卖力。显然，南澳大学商学院营销研究中心及其他一些研究院那儿也贡献了一些重要的市场营销原则。但我还是更喜欢把这些原则看作好的原则，而不是规矩。

　　不会有人比我更热衷菲尔德和比内了。和菲尔德共处过一段时间后，我还能说他是一位真正的绅士。他们二位的研究发现非常符合实际，并且对于客户而言很有用，能帮助他们理解相关领域里的问题。但是，危险在于：我们在寻求规矩的时候，就不会自己动脑筋思考，而是直接摘取并使用研究里的标题信息，而不结合实际背景进行严谨的考虑。

　　即便他们现在提出了著名的60/40品牌销售刺激比率，菲尔德告诉我这是一条经验规律。他说最理智的做法是在做出任何结论之前，把我们手头的数据和实际情况结合起来考虑。

　　即便是"销售刺激活动无法塑造品牌"这个经验规律都存在例外的情况。菲尔德向我介绍了路易丝·库克（Louise Cook），她从事计量经济模型领域的工作，经验丰富，颇负盛名。她计算出长期以来O2品牌在英国的市场营销投资取得了至少470万英镑的边际毛利率。[1] 库克指出O2超过80%的市场预算都用于短期的销售刺激

---

[1] IPA Effectiveness Awards（Gold and Grand Prix，2004）. *It only works if it all works: how troubled BT Cellnet was transformed into thriving O2.*

活动。所以从这点上我们可以看出，O2短期的销售刺激活动的确有助于塑造品牌。

我怀疑这仅仅是O2特色广告所达到的部分效果而已。鉴于自己在爱尔兰市场的工作经验，我能证实O2坚持严格地应用了它的特色品牌，程度惊为天人。

库克曾给一些知名的直接面向顾客的网络品牌做过经济计量模型。她告诉我，随着数字广告越来越发达，她相信，短期的销售刺激活动有潜质打造更长期的品牌记忆。

我们应该研究过去，但不应故步自封。我可不是想要下大赌注，反对一些精明绝佳的以实证为支撑的原则。我只是偶尔想要臣服在《茶》这种广告之下罢了。

 狐狸经验

不要借着规矩不思考。

41 一门让人留下印象的生意

很长时间里我对独特性资产（distinctive assets）的概念非常熟悉。尽管我不太确定自己是不是向来这么称呼的。

我还在爱尔兰负责O2品牌那会儿，真心不觉得我们很成功地把自家品牌和其他移动电话运营商区分开来。然而，我们却成功地打造出了一个全新的品牌。如果你认为品牌特征值得追求，那么做到特征突出是非常重要的，无须做到与众不同，只需要尽可能凸显出来，让人注意到就行了。

O2品牌刚在英国发布的时候，还是另一个叫英国电信（BT Cellnet）的电信品牌的分支。英国电信经营了七年，品牌知名度制高点为20%，而O2在发布仅两年后就冲到了28%，成为市场中品牌特征最突出的一家。

罗曼纽克一直以来给我们带来了不少有关特征品牌资产的学术研究，我不记得当时团队在运用这些结论的时候能达到同等的严谨程度，但至少指导思想是在那儿的。这得归功于英国的广告公司VCCP的查尔斯·瓦兰斯（Charles Vallance）和加里·霍尔特（Gary Holt）。我们当时一丝不苟地坚持特征品牌资产建设。直至O2品牌从爱尔兰退出几年后，人们一看到O2蓝背景前漂亮的泡泡时，还能想起这个牌子。

大多数做市场营销的都对品牌资产这个概念挺熟悉的。特征资产指的是品牌不需要名字就能让人们记起来。比如，耐克明显的钩，麦当劳的金拱门，还有O2的蓝色和泡泡，丘吉尔保险（Churchill Insurance）的狗，比较市场网站的海猫以及可乐瓶子。但是很少做市场营销的人真正承认这些品牌资产的重要性和作用，我只见过少数人真正在衡量自家品牌的特征资产。

这又回到了记忆在购买行为中起到的作用。正如瓦格纳曾说的那样，我们做的是"一门让人留下印象的生意"。我们在广告领域中最大的挑战是让人注意到我们的品牌，并且能记住。如果你手上有特征品牌资产，能实现高知名度，还能让人们想起你的品牌，那么在制作广告创意的时候就会拥有更多的自由度。

假如我一抬眼看到电视就看见哈维·凯特尔（Harvey Keitel）身穿无尾礼服，我就立马知道这是直线保险集团的广告。因此，他们的创意团队有更多的创作空间，以凯特尔为原型，写出引人入胜的绝妙佳作，因为他们心里有底，深知人们能记住这个品牌。同样人们也能因为记住PG Tips广告里的猴子而认得这个品牌。每一个广告都通过最后一幕形象让人留下印象。

如今，无论我和哪个市场营销团队合作，都会鼓励他们立马开始打造自己特征资产，并且尽可能多地使用，这个办法对国际市场团队尤其管用。只要地方市场团队能够持之以恒，坚持运用品牌资产，他们同样能够在实际的推广中有更多的发挥余地。

罗曼纽克在特征品牌资产领域的权威无可争议。她在那本或许是营销领域中最为重要的一本书——《非传统营销》中，领着大家走了一遍评估与衡量品牌资产的流程。最受欢迎的是基于颜色的资产，比如O2蓝。不过这个领域竞争尤其激烈，要在颜色资产上获胜挺难的。其次是基于文字的资产，一些品牌口号，比如"饿了，你就不是你了"，或者说"Just do it（放胆做）"。

罗曼纽克在书中还囊括了故事资产，红牛的卡通形象便为一例。还有脸部资产，如各类名人以及形状资产，耐克的钩就是最出名的例子。

罗曼纽克和我说："目标是要让尽可能多的人在看到广告的时候，尽量不费事就能想起这个品牌来。要做到这点办法很多，从实证支撑的结论看来，早期的品牌塑造是最有策略性的办法之一。不过我想具体如何落地还是有研究的空间。或许不是非得要一个品牌的名字，也可以形成一种特征资产。"

 狐狸经验

马上建立特征品牌资产，然后衡量这些资产。

42 我可是千难万险
才走到今天的

回到那次我没系安全带发生的车祸。

如果你还记得，我曾经发布了一个大型市场营销项目，而且失败了。因为依赖了脑中的叙事谬误，我犯了一个市场策略上的品牌错误。但是，如果让我说实话，我犯的错不止一个。当然叙事谬误以及错误的心智模型部分解释了为何我们会做出错误的市场决策，但我相信最大的阻碍因素是：我们不喜欢改变自己的想法。事实上，我们天生就不愿意改变。

这股内在的力量十分强大，使得我们不会轻易地改变自己的想法，这被称为"一致和承诺"。[①]我们希望

---

① *Influence: The Psychology of Persuasion*，by Robert Cialdini，1984.

感到自己的行为是一致的，如果出现不一致的情况，就会觉得自己很愚蠢，还会觉得自己看起来弱爆了。所以从我在公司里提出那则广告想法的日子起，我便全情投入。一旦开始向自己的同事和管理层推销那则广告，便没有回头箭了。我越投入，就越相信自己所说的一切都是正确的。或许也是潜意识里自己不断在对话，我很轻易地就抹平了心中不断出现的小疑惑。

广告宣传过程本身就挺艰难的。研究表明过程越困难，我们就越会深陷于自我的信仰之中。心理学家兼作家埃里奥特·阿伦森（Elliot Aronson）就展示过，如果人们经历了大量苦楚与窘迫，为获得某物付出了巨大的心力，那么他们对最终的结果就会比一帆风顺的时候更为满意。这便是自我辩护。如果你做的某个广告项目，已历经数月折磨，一旦发现结果不佳，便会懊恼不已。为了摆脱这种苦痛，你的头脑决定自己须得对这份结果感到满意。

我当时在发布广告之前做调查了吗？做了，调查结果大多显示乐观。尽管如我前面所述，要预测广告是否能大获成功，事先测试创意内容远不能说明现实中能抵挡失败的结局。如果测试结果看起来不错，我们就将其作为行动的证据。但如果不喜欢测试结果，我们又会在里面挑刺儿。

倒不是说这是多大的事儿，只是这个决定不再与广告本身相关。打退堂鼓的决定，有可能直接挑战自己的身份，挑战我自持的专家身份，那个我希望他人眼中所看到的专家身份、那个让人请我来工作的专家身份，在最终做决定之前，我就已经对那则广告投入太多了，无法回头了。正如乌玛·瑟曼（Uma Thurman）在电影《杀死比尔》（*Kill Bill*）中所说："我可是杀过千军万马才走到今天的。"

我们能做点什么呢？一个方法是把自己对做的每一个决定的各种感觉和动机写下来。如果你想证明自己是正确的，那么你的动机或许太个人化了，尝试把自己从广告本身抽离出来，试着从反对广告的角度想一下。组建外援力量，找公司外的市场营销人士，你信得过能给出有价值且诚信意见的同行。他们没有参与到项目中来，所以可以更客观。

另一个法子是考虑事情自身的可能性而不是必然性。我们在做决定的时候，往往觉得非胜即败，非有即无。董事会上，你发现自己100%支持提出的广告方案。而现在我在做宣传项目的时候，会尝试用概率来预测方案的成功概率。我的答案不再是"是"或"不是"，而是例如："我觉得有60%的概率能成功，原因如下……"

尽管给出的数据只是个近似值，但是它还是很有帮助的。细微的变化，却能释放些压力，也能展开辩论，均衡各方因素。还能让你从宣传中抽离出来，你不是你的广告。

或许我所学到的最重要的市场狐狸经验，就是要有改变自己想法的能力。这个概念对我来说，最好的描述便是"旗帜鲜明、留有余地"。我们旗帜鲜明地持有某种观点完全没有问题，但如果测试的数据站得住脚，我也随时愿意改变自己的想法。

 狐狸经验

成为一个旗帜鲜明、留有余地的人。